Hermann Josef Roth

Wortspielereien

Wort-Spiele

Wort-Seilschaften

Wort-Sippschaften

Wort-Verschmelzungen (Kofferwörter)

IFB Verlag Deutsche Sprache GmbH

Bibliographische Information der Deutschen Bibliothek:
Die Deutsche Bibliothek verzeichnet diese Publikation in der
Deutschen Nationalbibliographie: detaillierte bibliographische
Daten sind im Internet über http://dnb.ddb.de abrufbar.

Bereits im IFB Verlag Deutsche Sprache erschienen:
Hermann Josef Roth
Banker und Bankerte
978-3-942409-35-3

Hermann Josef Roth
*Ich weiß nicht,
was soll es bedeuten?*
978-3-942409-40-7

November 2015
© IFB Verlag Deutsche Sprache GmbH
Schulze-Delitzsch-Straße 40, 33100 Paderborn
Alle Rechte vorbehalten
Nachdruck – auch auszugsweise –
nur mit Genehmigung des Verlages.
Druck: Janus-Druck, Borchen

ISBN 978-3-942409-50-6

Hermann Josef Roth

Wortspielereien

Wort-Spiele
Wort-Seilschaften
Wort-Sippschaften
Wort-Verschmelzungen (Kofferwörter)

IFB Verlag Deutsche Sprache GmbH

Inhaltsverzeichnis

Vorwort	9
1. Wortspiele	11
1.1. Bagatellen und Petitessen	11
Zwischen Maulkorb und Maultasche	12
Blech	13
Fliegen oder Fahren	14
Wolfen und Wulffen	15
Abschreiben	16
Gras	16
Wo sind sie zu finden?	17
Tiefsinniges und Unsinniges	19
Fragen	21
Wer trägt was?	23
Enteisent – ein Schreibfehler?	24
Tage	25
Aus nah und fern	26
Kommen und Gehen	27
Lautmalereien und Alliterationen	28
Kennst Du das Land wo die Zitronen blühn?	29
Woran denkst Du beim Hören oder Lesen?	30
Tiere, die nicht immer solche sind	31
Leicht zu verwechseln	33
Die Suppe wird gelöffelt	35
Es geht um die Wurst	37
Der, die, das	38
Geschwister	39
Organ-Ortschaften	40

Das misslungene Essen 41
Schnittstellen zwischen Hund und Schwein 42
Redensarten, leicht verbogen 44
„Balla" 46
Bestallen und Entbeinen 47
Warum nicht konsequent? 49
Von Tau zu Tauber 50
Glaube, Hoffnung, Liebe 50
Kake 51

1.2. Geschichtchen 52
Perpetuum mobile 1 – zuhause 52
Perpetuum mobile 2 – der Kreislauf des Wassers 53
Der Genießer (Epikureer) 54
Wie nennen sich praktizierende Musiker? 55
Kontrastreiche Personen und Persönlichkeiten 59
Klassiker in der Sardinenbüchse 61
Klassisches Hexameron der Dichterfürsten 64

1.3. Wortgruppierungen 65
Gibt es und gibt es nicht 65
Die Macht des Artikels 70
Die Funktion der zwei Pünktchen 75
Wort-Trennungen 77
Einschübe 80
Doppeldeuter (Homonyme Situationen) 83
Gleichklänge mit leichten Abweichungen (Homophone) .. 87
Platztausch-Möglichkeiten (Anagramme) 89
Gereimte Anagramme 91

Sinnentstellende Druckfehler (Metagramme)	94
Aussagen mit einem Buchstaben mehr oder weniger	96
Aus einem werden zwei Konsonanten	98

2. Wortsippschaften 100
   Zimmermann und Zimmerfrau 100
   Augen 101
   – in Redensarten und Sprichwörtern 105
   – Redensarten mit Augen, leicht abgewandelt 106
   Köpfe 107
   – Redensarten mit Kopf, leicht abgewandelt 110
   Beine 111
   – Redensarten mit Bein, leicht abgewandelt 115
   Hände 116
   – Gebräuchliche Handobjekte 118
   Redensarten mit Händen 119
   – Redensarten mit Händen, leicht abgewandelt 121
   Wortspiele mit Spielwörtern 122
   – Spiel als Präfix 122
   – Das Präfix wird zum Suffix 124
   – Spiel mit Objekten, Organen, Personen 125
   – Kofferspielwörter oder Spielkofferwörter 127
   Offizinell – ein Buchstabe zu viel? 128
   Salz, Salsa, Salza, Salzach 130
   Der sprachneutrale Professor 131
   Bedeutungswandel 133
   Erz 134
   Suffix-Sippschaften 136
   Die ling-Familie 142
   Blumist, einer aus der -ist-Familie 146

3. Wortseilschaften 150
   Leber 150
   Korinthen, Rosinen, Sultaninen, Zibeben 154
   Süß als organoleptische Eigenschaft 156
   Die Kanne 158
   Koggen 160
   Die Wortseilschaft zwischen der schönen Lau
   und dem Zwergenkönig Laurin 162
   Der Lauf der Dinge 166
   Laufobjekte 170
   Nomen est Omen 172

4. Kofferwörter 173
   Definition, Allgemeines 173
   Kofferwörter mit den Namen von Komponisten 176
   Kofferwörter aus den Namen der Wochentage 178
   Kofferwörter aus den Namen der Monate 178
   Kofferwortgetränke 179
   Kofferwortnahrungsmittel und Gerichte 179
   Kofferwörter, die eine Tierart bilden 180
   Kofferwörter, die Blumen und Pflanzen benennen 181
   Kofferwörter, die Berufe benennen 182
   Kofferwörter als sinnvolle Wortschöpfungen 183
   Realistische Kofferwörter 187
   Witzige und geistreiche Kofferwörter 188
   Vorsicht bei der Erfindung neuer Kofferwörter 189

Vorwort

Wortspiele leben von bestimmten Wortgruppierungen, Mehrdeutigkeiten, Verdrehungen, Spitzfindigkeiten, Fragwürdigkeiten oder Eigentümlichkeiten der Worte und sind leicht zu erkennen. Sie zeigen die Fülle, die Schönheit, die Bildhaftigkeit und die Anschaulichkeit einer Sprache.

Was ich unter **Wortsippschaften** verstehe, muss erläutert werden. Betrachtet man das Wort Sippschaft nicht abwertend sondern als Synonym für Verwandtschaft oder Familie, dann bedeutet es so viel wie Gruppen von Wörtern, die semantisch oder etymologisch, homophon oder homonym verbunden sind. Zur Illustration einer semantischen Wortsippe fragen wir uns, wie sich praktizierende Musiker nennen. Eine etymologisch zusammengehörende Sippe wäre beispielsweise: offiziell, offizinell, Offizin, Offizier und Offizialat. Die Mitglieder einer Wortsippschaft verfügen nicht immer über den gleichen Wortstamm oder das gleiche Suffix.

Wortseilschaften sind Gruppen von Begriffen oder Namen, die gleiche, ähnliche oder vergleichbare Dinge und Objekte benennen. Neben der ursprünglichen Bedeutung des Wortes Seilschaft als eine Gruppe von Bergsteigern, die durch ein Seil verbunden sind, wird das Wort im übertragenen Sinne für eine Gruppe von Personen verwendet, die zusammen arbeiten und sich gegenseitig unterstützen. Wenn wir als Sache beispielsweise die Leber nehmen, so besteht die Wortseilschaft nicht nur aus den essbaren Köstlichkeiten wie Gänseleber, Kalbsleber, Leberkäse oder Leberknödel. Hinzu kommen botanische

Begriffe wie Leberblümchen, Lebermoose und Leberpilz, der Kinderschreck Lebertran, der zoologische Parasit Leberegel sowie die Erkrankungen Leberkrebs und Leberzirrhose, die vergleichend zu betrachten sind.

Die Mitglieder einer Wortseilschaft müssen keine gleichen Wortstämme oder Suffixe aufweisen. Eine scharfe Trennung von Wortsippschaften und Wortseilschaften ist nicht immer möglich und auch nicht nötig.

Wortverschmelzungen, Wortkreuzungen, Wortverknüpfungen, **Kofferwörter,** Portemanteau-Wörter oder Kontaminationen sind Synonyme für Wortneubildungen, die durch Verschmelzung zweier Wörter entstehen, wobei der letzte Teil des ersten Wortes und der erste Teil des zweiten Wortes identisch sind.

Möge die Lektüre Ihnen Vergnügen bereiten, Ihre tägliche Sprache bereichern und vielleicht zu eigenen Wortschöpfungen anregen.

Karlsruhe, November 2015
Hermann Josef Roth

1. Wortspiele

1.1 Bagatellen und Petitessen

Früher wurde unsere Sprache durch die Einbeziehung von griechischen und lateinischen sowie von französischen, spanischen und italienischen Wörtern veredelt oder zumindest bereichert. Heute wird sie durch die Überschwemmung mit Anglizismen versaut (frei zitiert nach Jörg Maskow).

Bagatellen und Petitessen sind wohlklingende Synonyma für Kleinigkeiten, Geringfügigkeiten, Nebensächliches, Unwichtiges. Solche Bezeichnungen machen aber den Leser mehr als die nüchternen deutschen Wörter neugierig.

Das Wort Bagatelle ist abgeleitet vom italienischen *bagatella*, der Verkleinerungsform von *baga* (lat. *baca*) = Beere.

Petitesse ist ein französisches Wort, die Substantivierung von *petit* = klein.

Was dieser Abschnitt enthält, sind solche Kleinigkeiten, die den Reichtum und die Feinheiten unserer Sprache verdeutlichen. Hie und da werden wohlklingende Fremdwörter eingeschlossen, die aus den oben genannten Ländern stammen.

Zwischen Maulkorb und Maultasche

Der Unterschied zwischen den beiden sollte nicht so gravierend sein. Ob aus Korbgeflecht oder Tuch gefertigt, wo ist da die prinzipielle Differenz? Doch beide dienen sie nicht zum Tragen von Waren.
Der eine muss getragen werden, um den Hund am Beißen zu hindern, womit ihm der Geschmack verdorben wird.
Die andere schmeckt sehr lecker und will gegessen werden.
Der gemeinsame Wort-Nenner ist das Maul, mit dem sie etwas zu tun haben, passiv oder aktiv. Bei dem aktiven spricht man etwas vornehmer vom Mund, in den die Maultaschen gelangen.

Einen Mund haben auch der Maulaffe und der Maulheld. Der Maulaffe ist ein Gaffer mit offenem Mund. Der Maulheld ist ein Angeber und Sprücheklopfer, der den Mund nicht zu bekommt.

Mäuler besitzen der Maulesel, das Maultier und der Maulwurf. Die Maulschelle kommt nicht ins Maul sondern wird auf die Backe gehauen. Die Maultrommel ist ein Musikinstrument. Bleibt noch die Maulbeere. Sie ist die brombeerartige Frucht des Maulbeerbaumes, dessen lateinischer Name *Morus nigra* lautet.

Blech

Reden ist Silber,
Schweigen ist Gold.
Manche Menschen wissen das nicht
und reden Blech.

So reden Sportreporter bei Kommentaren zur Vergabe von Gold-, Silber- und Bronzemedaillen fast immer pauschal vom Edelmetall. Da sie nicht wissen oder nicht bedenken, dass Bronze gar kein Edelmetall sondern eine Legierung aus Kupfer und Zinn ist, reden sie Blech. Metallisches Blech lässt sich hinbiegen, nicht aber das geredete.
Fast jedes Metall kann zu Blech ausgewalzt werden. Wenn im Rahmen eines Orchesters vom Blech die Rede ist, so sind damit die aus Metall gefertigten Blasinstrumente gemeint. Auf Französisch werden sie als *cuivres* bezeichnet, also die „Kupfernen", woraus zu folgern ist, dass sich auch Kupfer gut zu Blechen auswalzen lässt. Gleiches gilt für Silber.

Das teure Gold wird dagegen zu sehr dünnen Blechen ausgewalzt, die man Folien nennt. Und wenn diese extrem dünn sind, dann hat man es mit Blattgold zu tun. Blattgold wird zum Vergolden verwendet.

Was man im Haushalt oft braucht, ist Alufolie. Zinnfolie wird als Stanniol bezeichnet, abgeleitet vom wissenschaftlich-lateinischen Namen *stannum*. Das echte Stanniol wird heute kaum noch verwendet, beispielsweise noch für die Fertigung von Kapseln für Weinflaschen. Da das wesentlich preisgünstigere Aluminium das Zinn verdrängt hat, denkt heute der brave Mann bei „Stanniol" nur noch an Alufolie.

Fliegen oder Fahren?

Schiffe fahren,
Zeppeline fahren,
Gondeln fahren,
Maria ist gen Himmel gefahren: Mariä Himmelfahrt.
Man spricht von einer Ballonfahrt, nicht vom Ballonflug!

Fliegen fliegen,
Bienen fliegen,
Vögel fliegen,
Flugzeuge fliegen,
Pfeile fliegen,
Kugeln fliegen.

Schwalben segeln.
Schmetterlinge flattern.
Drachen steigen.
Äpfel fallen, Bomben auch.
Raketen gehen in die Luft.

Wolfen und Wulffen

Haben wolfen und wulffen etwas mit Wurst zu tun?

Ist mir wurscht, sagt der eine.

Ich will mal im Duden nachschauen, meint der andere.

Er findet aber keine Verben dieses Wortlautes.

Müssen wohl verbalisierte Substantive sein!

Die Substantive lauten Wolf und Wulff.

Durch den einen wird das Fleisch gedreht.

Es wird gewolft, damit es zu Brühwürstchen verarbeitet werden kann.

Der andere wurde von der Bild-Zeitung durch den Wolf gedreht.

Er heißt Wulff und hat bei peinlichen Befragungen die Salamitaktik angewandt, indem er sein Verschulden nur scheibchenweise zugegeben hat.

Das nennt man jetzt „wulffen".

Fazit: Beide Verben haben etwas mit Wurst zu tun. Doch soll uns das wurscht sein.

(Das ist mir wurst, bezieht sich tatsächlich auf die Wurst. Meist hat sie zwei gleiche Enden, es ist also „wurst", wo man sie anschneidet. Synonym bedeutet der Ausspruch, etwas ist einem egal, gleichgültig, einerlei.)

Abschreiben

Karl-Theodor zu Guttenberg, Silvana Koch-Mehrin
und Veronica Saß
mussten ihre Doktortitel abschreiben,
weil sie abgeschrieben haben.
Und der Schavan schavant auch nichts Gutes.

Gras

Wo er hintrat, da wuchs kein Gras mehr.
Obwohl er nie Gras rauchte
und immer das Gras wachsen hörte,
musste er eines Tages ins Gras beißen.
Jetzt betrachtet er das Gras von unten.
Und wir wollen über alles Gras wachsen lassen.

Wo sind sie zu finden?

Der Dachs – im Bau.
Der Elefant – im Porzellanladen.
Die Elster – beim Diebstahl.
Die Enten – Grütze fressend.
Die Eulen – in Athen.
Der Fisch – im Wasser.
Die Fliege – an der Wand.
Der Floh – im Ohr sitzend.
Die Forelle – im fließenden Bach.
Der Frosch – im Hals steckend.
Der Fuchs – im Gänsestall.
Die Gämse – in den Bergen.
Die Gänse – auf dem Marsch.
Die Grille – die Ameise anbettelnd.
Der Hahn – im Korb.
Der Hamster – im Laufrad.
Der Hase – im Pfeffer liegend.
Der Hecht – im Karpfenteich.
Der Hirsch – auf dem Platz.
Die Hummeln – in der Hose.
Der Hund – die Katze jagend.
Der Igel – mit dem Hasen um die Wette laufend.
Die Katze – auf dem heißen Blechdach oder – im Sack.
Die Kuh – auf der Weide.
Die Laus – über die Leber laufend.
Der Löwe – in der Grube.
Das Pferd – im Stall stehend.
Der Phönix – aus der Asche kommend.

Das Reh – scheu im Wald äsend.
Der Spatz – in der Hand.
Der Storch – im Salat.
Die Taube – auf dem Dach.
Der Wolf – bei Rotkäppchens Großmutter.
Die Würmer – sind aus der Nase zu ziehen.

Tiefsinniges und Unsinniges

Die beständige Bronze
Bronze bleibt Bronze,
auch wenn die Kanonen läuten
und die Glocken schießen würden.

Stahl-Sorten
Kruppstahl
Edelstahl
Diebstahl

Schnitte
Schnittblumen
Schnittlauch
Schnittlinie
Schnittmenge
Schnittmuster
Schnittpunkt
Schnittstelle
Schnittverlust
Schnittwaren

Kunden
Dauerkunde
Erdkunde
Heilkunde
Laufkunde
Naturkunde
Sekunde
Tierkunde
Urkunde

Die Nibelungen
lebten in Grünen Lungen,
hatten keine Raucherlungen,
kannten das Lungenkraut nicht.

Siegfried hatte keine Lungenentzündung,
Hagen ist es gelungen, ihn zu töten.

Kriemhild ist eine Laus über die Lunge gelaufen (statt über die Leber), doch musste sie deshalb nicht in der Eisernen Lunge liegen.

Nur die Walküren haben sich die Lunge aus dem Hals geschrien.

Hähne
Der Auerhahn und der Birkhahn sind nur noch selten zu sehen.
Den Gashahn muss man zur rechten Zeit zudrehen.
Der Geldhahn sollte immer aufgedreht sein.
Goldener Hahn war ein beliebter Name für Gasthäuser und Hotels.
Der Wasserhahn darf nicht tropfen.
Der Wetterhahn wird auf dem Dach vom Wind gedreht.

Fragen

Fressen Kakerlaken Kakao?
Frisst der Mungo Mango?
Gibt es khakifarbene Kakerlaken?
Isst man in Remagen Saumagen?
Ist Leibniz in Leipzig geboren?
(Ja, am 1. Juli 1646).
Kann ein leiser Ruf ein lautes Echo hervorrufen?
Kann ein Mensch gleichzeitig feinsinnig und feindselig sein?
Kann man auf der Laute leise spielen?
Können Kletten die Strümpfe hoch klettern?
Können Kraken krakeelen?
Können Schnaken, Schnecken und Schnepfen Schnupfen kriegen?
Macht Macht korrupt? (Homonym)
Passen Mango und Mangold zusammen?
Schafft Leidenschaft Leiden?
Steht dort Frau Holle hinterm Hollerbusch?
War Ödipus ein Muttersöhnchen oder ein Vatermörder?
Was tut der Wolga-Aal im Kaisersaal?
Was trennt Marokko von Monaco?
Das Mittelmeer!
Was verbindet Herbert Wehner mit Franz Josef Strauß?
Es ist unbestritten, dass beide ebenso streitbar wie umstritten waren.
Wo finden wir Iphigenie, in Aulis oder auf Tauris?
Wozu kann man in einem Zoo Stelzen gebrauchen?
Um einer Giraffe auf Augenhöhe begegnen zu können.

Wo wird eine Reifeprüfung gemacht?

Der Sohn macht sie in der Schule,

der Vater macht sie in der Metzgerei,

der Onkel macht sie in seinem Käseladen.

Ausnahmsweise ein Anglizismus:

Was ist der Unterschied eines Bodychecks, ob er von einem Eishockeyspieler oder einem Hautarzt durchgeführt wird?

Der eine wird dafür bestraft,

der andere wird dafür bezahlt.

In welchem Laden finde ich

Frauenmantel, Frauenschuh, Knabenkraut, Mädesüß, Männertreu und Mutterkorn in der gleichen Abteilung?

In einem Buchladen und zwar in einem botanischen Fach- oder Lehrbuch!

Wer trägt was?

Der Briefträger trägt die Post aus.

Der Brillenträger braucht eine Sehhilfe.

Der Datenträger ist sorgfältig aufzubewahren.

Der Eisenträger ist ein vielseitig zu verwendendes Bauelement.

Der Fahnenträger muss immer voran schreiten.

Der Hoffnungsträger darf uns nicht enttäuschen.

Der Hosenträger ist ein sehr nützliches Utensil und erübrigt den unbequemen Gürtel.

Lastenträger können Personen oder Maschinen sein.

Mützenträger möchten schick aussehen.

Ordensträger sind meist stolz auf ihre Leistungen.

Wasserträger sind nicht stolz aber sehr nützlich.

Was tragen eigentlich Würdenträger?

Enteisent – ein Schreibfehler?

Zuerst dachte ich an einen Druckfehler. Es sollte wohl enteist heißen. Enteist werden z.B. im Winter die Tragflächen eines Flugzeugs oder im Sommer ab und zu der Kühlschrank.

Als ich aber das Wort auf einer Mineralwasserflasche las, wurde mir klar, dass damit das Entfernen von Eisen oder Eisensalzen gemeint ist.

Nun hörte ich bei dem Bericht über ein Springreiten, dass das Pferd ohne Fehler, aber „enteisent" das Ziel erreicht habe. Es hatte beim letzten Hindernis ein Hufeisen verloren.

Also ist „enteisent" doch kein Schreibfehler!

Tage

Kein Tag vergeht, ohne dass etwas geschieht.

Am Montag, dem Tag des Mondes, kann auch mal Vollmond sein.

Ein Dienstag, der Tag des germanischen Himmelsgottes Ziu, muss kein Dienst-Tag sein.

Der Mittwoch ist nur dann Mitte der Woche, wenn diese mit dem Sonntag beginnt.

Es ist nicht auszuschließen, dass es am Donnerstag, dem Tag des Donnergottes Donar nicht donnert.

Am Freitag, dem Tag der Göttin Frija, möchte man schon gerne frei haben.

Auf den Samstag, den Sabbat, freuen sich Sabine, Sacha, Samson, Samuel, Sandra, Sarah, Sasha und Saskia.

Am Sonntag, dem Tag der Sonne, scheint sie nicht immer, denn „alle Tage ist kein Sonntag".

Aus nah und fern

kommen Freund und Feind,
verbringen Tag und Nacht,
drinnen und draußen,
fressen und kotzen,
saufen und pinkeln.

Nie wieder, sagen die einen,
bis nächstes Jahr, die anderen.

Wo ist's?
In München, auf dem Oktoberfest,
das im September beginnt.

Kommen und Gehen

Sehen und gesehen werden,
interessiert oder gelangweilt,
auf unbequemen Stühlen sitzend,
Pausenschmankerln und Getränke überteuert.

Dabei sein ist alles!

Wo ist's?
In Bayreuth, auf dem grünen Hügel.

Lautmalereien und Alliterationen

Beim Tingeltangel macht es klingelingeling.

Das Rhabarbermarmeladenglas ist papperlapappig.

Bei Becken-Boden-Blasen-Problemen kennt die Tele-Werbung probate Mittel.

Ho-pfen-dol-den wachsen an Holledau-hopfen-stangen.

Das Ho-pfen-dol-den-trock-nen erfolgt dann im Ho-pfen-dol-den-trock-en-ofen.

Hopfen-Zapfen-Zupfen machen die Frauen der Hopfenbauern.

Kanadabalsam wird durch den Panamakanal transportiert.

Kappa, Kapern und Kapok dienen zum Lesen, Essen und Schlafen.

Gut kauen, schön verdauen, nicht versauen!

Kaulquappen quabbeln, wabbeln und schwabbeln.

Kerbel-gewürzte Kürbiskern-Karotten-Suppe ist keine Wassersuppe.

Der Klapperstorch soll die Klappe halten!

Kein Kommentar zum Dromedar?

Wer unter dem Pantoffel steht, muss immer die Kartoffeln aus dem Keller holen.

Kennst Du das Land, wo die Zitronen blühn?

Dahin möcht' ich mit dir, o mein Geliebter, ziehn.
(Gedicht Mignon von Goethe, vertont von F. Schubert)

Kennst Du das Land, wo sie nicht blühn,
von dort, o mein Geliebter, lass uns fliehn!

Wo ein Badeanzug anzüglich wirkt,

wo Bohnenstangen stänkern,

wo Coca-Cola Kokain enthält,

wo im Freudenhaus keine Freude herrscht,

wo der Fuß in Fusseln watet,

wo die Gemeinde gemein ist,

wo alle Hinkel hinken,

wo nur der Kaffer Kaffee trinkt,

wo der Karpfen Krapfen frisst,

wo der Koffer voll Koffein ist,

wo Kraken krakeelen,

wo die Krawatte aus Watte ist,

wo am Rande randaliert wird,

wo der Tisch ohne Tuch gedeckt ist,

wo sich der Wurm wurmt,

wo der Ziegenmelker meckert.

Woran denkst Du beim Hören oder Lesen?

Land	dabei denke ich an
Ackerland	Kartoffeln und Rüben
Brachland	die Grünen
Deutschland	Heinrich Heine
Finnland	Sauna
Flachland	Norddeutschland
Frankenland	Bocksbeutel
Griechenland	Schulden
Grönland	grüne Wiesen
Heimatland	meinen Vater
Hochland	Rinder
Irland	Süßrahmbutter
Lappland	Rentiere
Niederlande	Holländischen Käse
Niemandsland	Kriege
Norddeutschland	Seen und Meer
Ostdeutschland	Wiedervereinigung
Russland	Wodka
Schottland	Whisky
Süddeutschland	Bayern und Schwaben
Tiefland	Oper von Eugen d'Albert
Vaterland	meine Mutter
Weißrussland	Wintersport
Westdeutschland	D-Mark

Tiere, die nicht immer solche sind

Adler	Seeadler
Affe	Klammeraffe, Lackaffe, Maulaffe
Bock	Hausbock, Holzbock, Springbock, Steinbock
Bär	Ameisenbär, Braunbär, Brummbär, Eisbär, Nasenbär, Teddybär, Waschbär
Dachs	Frechdachs
Drossel	Schnapsdrossel
Ente	Pekingente, Stockente, Zeitungsente
Esel	Drahtesel, Goldesel
Eule	Schleiereule, Schneeeule
Fink	Buchfink, Schmierfink
Fisch	Backfisch, Goldfisch, Silberfischchen, Tintenfisch
Frosch	Nacktfrosch, Wetterfrosch
Fuchs	großer Fuchs, kleiner Fuchs, Rotfuchs, Schlaufuchs
Geier	Aasgeier, Gänsegeier, Mönchsgeier, Pleitegeier
Gans	Dumme Gans, Martinsgans
Glucke	Krause Glucke
Hahn	Auerhahn, Birkhahn, Gashahn, Geldhahn, Truthahn, Wasserhahn, Wetterhahn
Hai	Finanzhai
Hase	Angsthase, Seehase, Skihase
Henne	Fette Henne
Hirsch	Platzhirsch
Hund	Aktenhund, Flughund, Laufender Hund, Lumpenhund, Präriehund, Seehund
Käfer	Gelbrandkäfer, Goldkäfer, Hirschkäfer, Junikäfer, Kartoffelkäfer, Laufkäfer, Maikäfer, Marienkäfer, Rosenkäfer

Kalb	Mondkalb
Katze	Eichkätzchen, Laufkatze, Meerkatze, Naschkatze
Kröte	Schildkröte
Kuh	Blindekuh, Seekuh
Löwe	Baulöwe, Seelöwe
Maus	Computermaus, Feldmaus, Fledermaus, Kirchenmaus, Springmaus, Wüstenrennmaus
Molch	Lustmolch
Mops	Rollmops
Ochse	Pfingstochse
Pferd	Flusspferd, Graspferd, Heupferd, Honigkuchenpferd, Nilpferd, Seepferd
Ratte	Leseratte, Wasserratte
Schimmel	Amtsschimmel, Blauschimmel
Schlange	Brillenschlange, Klapperschlange
Schnecke	Achatschnecke, Nacktschnecke, Wasserschnecke, Weinbergschnecke
Schwalbe	Bordsteinschwalbe
Schwein	Meerschwein, Seeschwein, Sparschwein, Stachelschwein, Warzenschwein, Wasserschwein
Specht	Schluckspecht
Tier	Echte Tiere sind: Faultier, Gürteltier, Maultier, Murmeltier, Schnabeltier, Stinktier, Trampeltier
Taube	Brieftaube, Friedenstaube, Ringeltaube
Tiger	Papiertiger
Wachtel	Spinatwachtel
Wolf	Fleischwolf, Polarwolf, Reißwolf
Ziege	Zimtziege

Leicht zu verwechseln

oder **das Kreuz mit den Fremdwörtern**

Abitur und Appretur
Agraffe und Attrappe
Ammoniak und Armagnac
Amnesie und Amnestie
Anus und Animus
Aphorismen und Aneurysmen
Arroganz und Ignoranz
Babbeln und Pappeln
Barriere und Karriere
Champignon und Champion
Estragon und Estrogen
Fiasko und Fiesco
Formalität und Frivolität
Geisel und Geißel
herbal – verbal
Inkompetenz und Inkontinenz
Inspiration und Transpiration
Karbunkel und Karfunkel
karitativ und karikativ
Liliputaner und Lipizzaner
Moralität und Mortalität
Nonsens und Konsens
Normales und Hormonales

Ökonomie und Ökologie
Papillen und Pupillen
Papillom und Pavillon
Perlongette und Perlonkette
Pettenkofer und Patentkoffer
renommiert und renoviert
Silikone und Stilikone
Soll-Daten und Soldaten
Spargel-Anlage und Spargeld-Anlage
Symptome und Syndrome
Teflon und Telefon
Tinkturen und Trinkkuren
Tonsur und Zensur
Trinität und Trivialität
Wonderbra® und wunderbar

Die Suppe wird gelöffelt

Im täglichen Sprachgebrauch werden Substantive, die Geräte oder Materialien bezeichnen, häufig verbalisiert.

Bohnerwachs – der Boden wird gebohnert.

Gabel – ein Mädchen wird aufgegabelt.

Hammer – der Verzweifelte hämmert an die Tür.

Knebel – das Opfer wird geknebelt.

Krone – das königliche Haupt wird gekrönt.

Leim – der Ahnungslose wird geleimt.

Nagel – das Schild wird an das Tor genagelt.

Pinsel – die Wand wurde von Unbekannten angepinselt.

Puder und Pamper® – Säuglinge werden gepudert und gepampert.

Rad, Teer, Federn – gelegentlich wurden Unschuldige gerädert, geteert und gefedert.

Röntgen – die Lunge wird geröntgt.

Säge – der Ast wird abgesägt.

Sarg – die Leiche wird eingesargt.

Stein – Menschen werden gesteinigt.

Stuhl – der Saal wird bestuhlt.

Tisch – das Essen wird aufgetischt.

Wasser – der Salzhering wird gewässert.

Warum nicht auch:

Axt – Bäume werden umgeaxt.

Fass – das Bier wird eingefasst.

Flasche – der Wein wird eingeflascht.

Glas – das Wasser wird eingeglast.

Google – um mehr zu erfahren habe ich etwas gegoogelt.

Knödel – in Bayern kann man geknödelt werden.

Messer – bei der Schlägerei wurde einer umgemessert.

Milch – der Kaffee wird gemilcht (man sagt ja auch gezuckert).

Pommes und Nudeln – Kinder werden gepommest oder genudelt.

Rad – heute radieren täglich noch viele Menschen zur Arbeit.

Sahne – die Erdbeeren werden übersahnt.

Schere – das Tuch wird in zwei Stücke geschert (es wird nicht geschoren!).

Sense – früher, als die Wiesen noch gesenst wurden.

Spaten – das Beet wird umgespatet.

Tasse – der Kaffee wird eingetasst.

Teller – das Essen wird eingetellert.

Zange – der Nagel wird aus dem Brett gezangt.

Zucker und Äpfel – der Kuchen wird gezuckert und geäpfelt.

In Verlegenheit kommen wir beim Nachdenken über den Gebrauch bestimmter Verben, z.B.:

Er hat sich „gemausert" oder das hat mich „gefuchst",
hat weder mit der Maus noch mit dem Fuchs zu tun.

Es geht um die Wurst

Treffen sich zwei Würstchen.
Gestatten, ich heiße Frankfurter.
Sehr erfreut, ich heiße Wiener.

Wenn sich in Bayern ein Nürnberger und ein
Regensburger begegnen, sagen sie: „Grüß Gott".

Aus dem Nürnberger kann auch ein saurer Zipfel werden.
In Regensburg trifft man auch die Domspatzen.
Hinzu gesellt sich die Weiße aus München.

Und aus den neuen Bundesländern kommen die Thüringer.
Die Leipziger haben keine Würstchen, dafür ihr Allerlei.
Und auch ihren Thomanerchor.

Über die Ostgrenze gelangen die Krakauer und
Debrecziner nach Westen.
Und Frankreich schickt die Lyoner.

So entsteht eine Völkerverständigung auf kulinarischer Ebene,
die uns nicht „wurscht" sein sollte.

Der, die, das

Warum ist der Wein männlich, die Milch weiblich und das Bier sächlich?

Der Wein wird von Gott gemacht.
Der Gott macht den Wein.

Die Milch wird von weiblichen Säugetieren produziert.
Die Kuh macht die Milch.

Das Bier ist das Produkt, das im Wesentlichen aus Wasser (das Wasser) gemacht wird, wobei das Reinheitsgebot zu befolgen ist.

Noch Fragen? Nein!

Geschwister

Zwei oder mehrere Töchter gleicher Eltern nennt man Geschwister. Auch wenn ein Bruder darunter ist oder mehrere, so heißt es immer noch Geschwister.

Auf Französisch heißt es les frères et les sœrs.
Lediglich wenn die Kinder nur Brüder sind, sagt man Gebrüder.

Das Kind ist geschlechtsneutral, die Eltern nicht.
Die etwas veraltete aber immer noch korrekte Bezeichnung der Eltern lautet „die Herren Eltern".

Höflich gesagt: Wie geht es Ihrer Frau Mutter, wie geht es Ihrem Herrn Vater, wie geht es Ihren Herren Eltern?

Organ-Ortschaften

Wir alle kennen Darmstadt.
Weniger bekannt ist das Dorf Herzhausen.
Es gibt auch einen Ortsteil Gallenweiler.
Augenthal ist Teil einer Gemeinde in Bayern.
Brieshagen ist nur als Familienname bekannt.
Das trifft auch für Blasenheim zu.

Wo finden wir
Magenburg – das ist ebenfalls als Familienname bekannt.
Lungendorf – als Wetterstation in Oberösterreich.
Herzberg – am Harz, Landkreis Osterode.
Im Landkreis Trebnitz (Schlesien) gab es die Güter
Nieder- und Ober-Kehle.
Kehl(e) existiert als Stadt am Rhein, gegenüber Straßburg, vielleicht ist das „e" im Lauf der Zeit verloren gegangen?
Mundweiler – Familienname in Donaueschingen.

Das misslungene Essen

Eigentlich wollte ich meine Freundin zu einem schicken, kleinen Essen einladen.
Das Lokal war mir empfohlen worden.

Doch:
die Suppe war zu kalt,
das Brot war zu alt,
das Steak war zu zäh,
das Gemüse war zu lange gekocht,
die Portionen waren zu klein,
das Dessert war zu warm,
der Wein war zu sauer,
die Stühle waren zu niedrig,
der Tisch war zu wackelig,
die Rechnung war zu hoch.

Nur die Kellnerin bot einen erfreulichen Anblick.

Schnittstellen zwischen Hund und Schwein

Haushund und Hausschwein
Hundefutter und Schweinefutter
Hundehalter und Schweinehalter
Hunde**hütte** und Schwein**estall**
Hundekälte und **Sau**kälte
hundemüde und **sau**müde
Hunde**rennen** und Schweins**galopp**
Hundewetter und **Sau**wetter
Hundezüchter und Schweinezüchter
Rassehunde und Rasseschweine.
Als Hybrid der **Sauhund**.

Nicht alles was mit „Sau" anfängt ist schweinisch!

Doch sind es die Wörter:
saublöd, saudumm, saufrech, saugrob, saukalt, sauschwer, Saubär, Sauerei, Sauhund, Saujagd, Saustall, Sauwut.

Nicht sind es die Wörter:
Sau-ber – nicht zu verwechseln mit Saubär oder Eber. Sauberkeit steht im Gegensatz zu Schweinerei.

Sau-ciere – kommt aus dem Französischen und bezeichnet eine kleine Schüssel mit Henkel zum Servieren von Soßen.

Sau-di sind die saudischen Einwohner von Saudi-Arabien.

Sau-er – ist eine Eigenschaft mit welcher der Sauerampfer, das Sauerkraut, die Sauermilch und der Sauerstoff zu tun haben.

Sau-fen – tun Saufbold, Saufbruder oder Saufkumpane. Sauferei und Saufgelage können u.U. zu einer Sauerei werden.

Sau-gen tun alle Säugetiere, wozu auch die Schweinchen gehören. Sie brauchen keine saugfähigen Windeln, wie die Säuglinge.

Sau-m – sind die Anfangsbuchstaben eines Pfälzer Stammgerichts, das ohne Saumseligkeit gegessen wird.

Sau-na – sie wird in der Regel textilfrei besucht, was aber keine Sauerei bedeutet.

Sau-se – bei ihrer Ausführung besteht die Gefahr, den Vorsatz sausen zu lassen nicht zu viel zu trinken.

Redensarten, leicht verbogen

Dem Daumen das Lutschen abgewöhnen.
Den Gänsen den Marsch blasen.
Dem Hanf die Fäden ziehen.
Herz auf die Hand.
Dem Hocker ein Bein stellen.
Der springende Hund.
Eulen aus Athen holen.
Dem Kaiser neue Kleider nähen.
Der Krake die Hand reichen.
Dem Mehl die Stärke nehmen.
Dem Mund die Zähne zeigen.
Der Nachtigall die Töne beibringen.
Dem Ochsen ins Horn blasen.
Öl ins Wasser gießen.
Dem Ohr den Durchzug ermöglichen.
Dem Papier die Geduld nehmen.
Hinschicken, wo kein Pfeffer wächst.
Dem Pfifferling die Gelbsucht wünschen.
Der Säge auf den Zahn fühlen.
Dem Tisch Beine machen.
Dem Wind die Luft ausgehen lassen.
Mit der Kugel eine Runde drehen.
Sich am Stein des Pfirsichs stoßen.
Den Apfel vom Birnbaum fallen lassen.
Den Fersen Geld zahlen.

Die Gardinen predigen lassen.
Die Laus über die Leber laufen lassen.
Die Liebe durch den Magen gehen lassen
Den Luftballon aus der Haut fahren lassen.
Den Raben anschwärzen.
Die Schlange stehen lassen.
Den Stuhl an die Wand lehnen.
Die Tür vor den Fuß setzen.
Den Wintermantel füttern.
Die Zwiebel aus der Haut fahren lassen.
Der Nebel soll sich nicht mehr sehen lassen!
Was weiß der Kuckuck.

„Balla"

An einem Ballabend
werden keine Balladen erzählt,
erfolgt keine Ballabgabe,
auch keine Ballannahme
und keine Ballausgabe,
sind keine Ballartisten gefragt,
wird keine Ballarbeit geleistet
und wird auch kein Ballast abgeworfen.

Es wäre Ballawatsch, wenn wir Balalaika,
Balance, Balata und Balaton (Plattensee)
einbeziehen würden, denn sie werden
nur mit einem „l" geschrieben
und gehören deshalb nicht zur „Balla"-Familie.

Erheiternd ist die Erinnerung daran, dass die Gebäude, die man heute Ballhäuser nennt, erst im 19. Jahrhundert zu ihrer heutigen Verwendung umfunktioniert und umgebaut wurden, nämlich zu Tanzlokalen.

Vorher waren es Sportstätten an fürstlichen Höfen,
wo tatsächlich Ball gespielt wurde.

Bestallen und Entbeinen

Nimmt man diese Wörter wörtlich, so erhalten sie einen neuen, ungewohnten Sinn.

Bestallen bedeutet dann mit Ställen versehen, Ställe bauen.

Behüten heißt mit Hüten ausstatten.

Bemuttern meint, einem Waisenkind eine Adoptivmutter geben.

Beschränken würde bedeuten, Schränke aufzustellen.

Mit Bestimmen ist gemeint, einem stimmlosen Menschen wieder eine Stimme zu verleihen.

Bestuhlen kennen wir schon immer als Ausstattung eines Raumes mit Stühlen.

Das Wort kann aber auch für die Verleihung eines Stuhles benutzt werden, beispielsweise eines Lehrstuhls. "Hans Meier wurde heute zum Ordinarius für Altphilologie bestuhlt."

Was ist mit Betonen? Betonen heißt mit Tönen versehen, also komponieren. „Franz Schubert hat einige Gedichte von Goethe betont."

Beweinen? Denken wir an Bewässern, dann heißt es mit Wein versorgen.

Entbeinen heißt die Beine abschlagen oder ausreißen, wie man es früher den Fröschen angetan hat, um ihre Schenkel verspeisen zu können.

Unter Enteisen kann man das Entfernen von Eis oder Eisen verstehen (siehe "Enteisent").

Entkeimen tut man den Topf, der am Küchenfenster steht, wenn man die Keimlinge abschneidet, um damit einen Salat zu dekorieren.

Entstauben könnte man als Synonym für "sich aus dem Staub machen" verwenden.

Entwickeln wird man das geschwollene Bein, wenn der mit Essigsaurer Tonerde getränkte Verband seinen Dienst getan hat.

Entwurzelt wird ein Baum, wenn man ihm seine Wurzeln absägt, nachdem ihn der Sturm umgeworfen hat.

Wer sucht, der findet weitere **Be**- und **Ent**-Begriffe, die einer neuen Definition harren.

Wenn oben von Bestallung die Rede war, so fällt mir noch ein Wort ein, das ebenfalls etwas mit Stall zu tun hat und auch zur Mehrdeutigkeit verlockt:

Installieren bedeutet für die Hühner, abends vom Freilauf in den Stall zurückzukehren, für die Rinder auf der Alm, den Almabtrieb, für die Renn-, Reit- und Ackerpferde, nach vollbrachter Leistung in den Stall geführt und angebunden zu werden.

Inkommodieren heißt, Sachen in eine Kommode legen.

Intubieren kann für das Einfüllen einer Paste, einer Salbe oder einer Zahnpaste in geeignete Tuben gebraucht werden.

Warum nicht konsequent?

Der Redner – sei es zu Beginn einer Rede, eines Vortrags oder einer Vorlesung – begrüßt das Publikum mit den Worten: „Liebe oder sehr verehrte Hörer bzw. Hörerschaft."

Wenn es ein Vortrag mit Bildern ist, so wäre es angebracht, auch Seher oder Zuschauer zu begrüßen, also: „Liebe Hörer und Seher."

Handelt es sich um eine Weinprobe, so sollten die Teilnehmer mit „Liebe Schmecker" angeredet werden.

Geht es in einem Gremium um die Beurteilung neuer Parfüms, so sollten sie mit „Liebe Riecher" begrüßt werden.

Von Tau zu Tauber

Es ist Herbst und früh am Morgen.

Der **Tau** liegt auf der Wiese.

Die Natur ist noch **taub** und stumm.

Später fliegt eine **Taube** über das Haus.

Drinnen singt Richard **Tauber** seine Arien.

Glaube, Hoffnung, Liebe

Du musst nicht alles glauben, glaub' lieber an Dich selbst.

Du darfst auch dann noch hoffen, wenn alles hoffnungslos erscheint.

Du kannst nicht alle lieben, besser, Du liebst nur eine.

Kake

Ist das nicht ein Druckfehler? Müsste nicht der zweite Konsonant verschärft oder verdoppelt werden?

Das korrigierte Wort oder eines seiner Synonyme, das mit Sch beginnt, wird dem Karateka vielleicht von der Zunge rutschen, wenn ihm der Kake nicht gelungen ist.

Kake ist nämlich eine Wurfausführung beim Karate.

Mit Kakerlaken hat das nichts zu tun.

Auch nicht mit Kakemono. So wird ein japanisches Gemälde in Hochformat auf einer Seiden- oder Papierrolle bezeichnet.

Ebenso nicht mit Karaoke, einer schwachsinnigen Party-Unterhaltung für Möchtegern-Sänger.

Schon gar nichts mit dem Kakao, der auf einem Baum wächst, der nicht mit dem Kakibaum zu verwechseln ist, oder dem Khaki, dem gelbbraunen, leichten Stoff, aus dem Tropenkleidungen und Tropenuniformen geschneidert werden.

Kake ist ferner auch der Name einer Ortschaft im US-Staat Alaska.

Über den Wortteil Kak sollten wir jetzt nicht weiter kakeln.

Sonst wird am Schluss aus der ganzen Wortsippe noch eine Kakophonie (sprachlicher oder musikalischer Missklang).

1.2 Geschichtchen

Perpetuum mobile 1 – zuhause

Hans geht in den Keller,
um Wein zu holen.
Um Wein zu holen,
muss er Treppen hinab und hinauf steigen.
Treppen steigen
ist gut für den Körper.
Gut für den Körper
ist auch das Laufen.
Das Laufen verbraucht Kalorien.
Kalorien verbraucht
die körperliche Arbeit.
Die körperliche Arbeit
stärkt die Muskulatur.
Die Muskulatur
ermöglicht die Bewegung.
Die Bewegung ist Leben.
Leben ist Aktivität.
Der Aktivität folgt Ruhe.
Ruhe bringt Erholung.
Erholung findet Hans
bei einem Gläschen Wein.
Der Wein ist im Keller.
Er geht in den Keller,
um Wein zu holen.

Perpetuum mobile 2 oder der Kreislauf des Wassers

Von der Quelle in den Teich,
vom Teich in den Bach,
vom Bach in den Fluss,
vom Fluss in den See,
vom See in den Strom,
vom Strom ins Meer,
vom Meer in die Luft,
dann in die Wolken,
aus den Wolken der Regen,
der Regen zur Erde,
von der Erde zur Quelle,
von der Quelle in den Teich
und weiter wie zu Beginn.

Der Genießer (Epikureer)

Der Mensch lebt nicht vom Brot allein,
auch andre Dinge müssen sein,
auch andre Dinge müssen her,
für Aug' und Ohr und zum Verzehr,
für Aug' und Ohr und zum Gebrauch,
dazu gehört die Liebe auch.

Dazu gehört die Lieb' zuerst,
auf dass Du ständig Dich vermehrst,
auf dass Du ständig Dich erfreust,
und niemals traurig es bereust,
und niemals traurig es versuchst,
Du wärest sonst verdammt, verflucht.
Du wärest sonst, verdammt noch mal,
ein Opfer Deiner eignen Qual,
ein Opfer Deiner eignen Lust,
das Ende naht mit Leid und Frust.

Das Ende naht mit Leid schon bald,
drum Mensch sei klug und mache halt,
drum Mensch sei klug und kaufe Dir
den besten Wein, das stärkste Bier,
den besten Wein, auch Wodka fein,
vom Brot, der Mensch lebt nicht allein.

Wie nennen sich praktizierende Musiker?

Akkordeon. Der Akkordeonspieler kann auch als Akkordeonist bezeichnet werden.

Bratsche. Heißt es Bratschist oder Bratscher? Der Duden kennt beide Wörter. Bratscher klingt nicht sehr vornehm. Und wenn es um die Frauen geht, die eine Bratsche spielen, so klingt Bratschistin doch viel eleganter als Bratscherin. Es drängt sich die Assoziation zu Pratscherin auf und man denkt unwillkürlich an eine Frau mit großen, groben Händen (Pratschen, Pratzen), während die Bratschistin sich in der Nachbarschaft einer Floristin bewegt.

Cello. Cellist und Cellistin sind die passenden Berufsbezeichnungen. Cellerarius nennt man den Wirtschaftsverwalter eines Klosters. Celler und Cellerin heißen die Einwohner von Celle.

Cembalo. Bis heute kennt man nur den Cembalisten und die Cembalistin, doch keinen Cembaloer.

Fagott. Fagotter oder Fagottist? Jemand, der berufsmäßig das Fagott spielt, sollte Fagottist bzw. Fagottistin genannt werden.

Flöte. Flöter oder Flötist? Im Gegensatz zum Bratscher hat sich der Flöter nicht eingebürgert. Außerdem klingen Flötist und Flötistin viel flotter.

Geige. Hier geht es wieder in die andere Richtung. Geiger statt Geigist! Das vornehme Synonym zu Geige ist Violine und statt Violiner sagt man Violinist.

Nun gibt es aber auch noch die Viola, identisch mit der Bratsche, deren Spieler(innen) folglich Violaner(innen) oder Violanisten/innen) heißen müssten. Viola ist die Abkürzung von (italienisch) *Viola da braccio* = Armgeige, womit auch erklärt ist, woher der Name Bratsche stammt.

Harfe. Harfer, Harfner, Harferist oder Harfenist? Achtung, es besteht die Verwechslungsgefahr mit dem Havaristen! Da die Harfen meistens von Frauen gespielt werden, was damit zusammenhängt, dass sich früher nur Töchter reicher Eltern eine Harfe leisten konnten, spricht man am besten von Harfenistin.

Klavier. Man sagt weder Klavierer, noch Klavierist sondern Klavierspieler. Siehe auch Piano.

Marimbaphon. Spieler dieses Schlaginstrumentes werden Marimbaphonisten genannt.

Oboe. Oboer oder Oboist? Zu meinem Leidwesen existieren beide nebeneinander, also auch Oboerin und Oboistin. Oboerin ist aber leicht mit Oberin zu verwechseln und Oboist mit Obrist.

Außer der Oboe wird auch die eine Terz tiefer stehende Oboe d'Amore mit zartem und milderem Ton gespielt. Die Spielerin hieße dann Oboerin oder Oboistin d'Amore.

Von der letzteren würde ich mich gerne verführen lassen.

Orgel. Jeder weiß, dass der zugehörige Beruf Organist heißt. Das Musikinstrument müsste folglich Organum heißen. Von diesem lateinischen Wort ist der Begriff Orgel tatsächlich abgeleitet. Man dürfte sonst Orgeler, Orgler oder Orgelerist sagen.

Weniger bekannt ist die Existenz des Organistrums. Damit ist jedoch kein Musiker gemeint, sondern ein Musikinstrument, die Drehleier.

Pauke. Wie steht es dann mit der Pauke: Paukist oder Pauker? Auch in diesem Falle schreckt man heute nicht davor zurück, das Wort Pauker für jemanden zu gebrauchen, der berufsmäßig die Pauke schlägt.

Vorsicht! Der Paukist schlägt heute noch die Pauke, aber der Pauker schlägt oder hat früher die Schulkinder geschlagen.

Piano. Pianoforte und dessen Diminutiv Piano sind bekanntlich Synonyme für das Klavier. Die Spieler dieses Instruments heißen zum Glück noch Pianisten und nicht Pianer oder Pianoer. Wenn ein Pianist forte spielt, könnte man ihn auch als Fortist bezeichnen.

Posaune. Der Bläser oder die Bläserin dieses Instruments heißen Posaunist und Posaunistin.

Es gibt aber auch den Posauner als Name von Hotels und Gaststätten im Pongau (Österreich, Salzburger Land) und eine Posaunensuppe, die Hülsenfrüchte enthält und intestinale Posaunentöne verursacht.

Trommel. Trommler oder Trommlerist? Trommler und Trommlerin ja, Trommlerist und Trommleristin nein!

Trompete. Der Trompeter und die Trompeterin dulden keinen Trompetisten oder Trompeteristen an ihrer Seite!

Tuba. Nicht Tubarist, sondern Tubist wird der genannt, der das Instrument bläst.

Xylophon. Xylophonist – was sonst.

Kontrastreiche Personen und Persönlichkeiten

Viel und wenig

Goethe schrieb viel und trank nicht wenig.

Mozart verdiente zwar viel, gab jedoch viel zu viel aus.

Der **Bundespräsident** hat viel zu reden, aber wenig zu sagen.

Beethoven murrte viel und hörte wenig.

Haydn komponierte viel und verstand sich wenig mit seiner Frau.

Liszt liebte viele Frauen und hatte wenig Mühe, vom Blatt zu spielen.

Mahler hatte viele Krankheiten und wenig Glück mit den Frauen.

Schubert vertonte viele Lieder und hatte wenig Geld.

Dieser **Mann** hat viele Titel und wenig Mittel.

Der **Neureiche** hat viele Mittel aber keine Titel.

Die **Banker** bekommen viele Millionen, haben aber nur wenige davon verdient.

Don Giovanni vernaschte viele Frauen, aber liebte nur wenige.

Der **Knoblauchesser** hat viele gute Gesundheitsprognosen, aber nur wenige Freunde.

Groß und klein

Napoleon war ein großer Feldherr und von kleiner Gestalt.

Carlo Ponti war klein und liebte eine große Frau namens Sophia.

Kurz und lang

Der Name von Albert **Lang** ist kurz.

Giovanni Battista Pergolesi hatte einen langen Namen und ein kurzes Leben.

Die Amtszeit von **Christian Wulff** war kurz
und seine Auszeit dauert schon lang.

Klassiker in der Sardinenbüchse

Honoré de **Balzac** ist am Chagrinleder interessiert.

Heinrich **Böll** fragt „Wo warst Du Adam!" und „Sagte kein einziges Wort".

Wilhelm **Busch**s Kinder heißen Helene, Max, Moritz, Plisch und Plum.

Matthias **Claudius** singt „der Mond ist aufgegangen".

Umberto **Eco** züchtet eine Rose.

Eichendorff mag den Taugenichts.

Bertold **Brecht**, für ihn kommt erst das Fressen und dann die Moral.

Johann Gottlieb **Fichte** hält Reden an die deutsche Nation.

Gustav **Flaubert** verführt Madame Bovary.

Theodor **Fontane** verfolgt Effi Briest.

Goethe ballt die Faust.

Günther **Grass** vertreibt die Ratten mit der Blechtrommel.

Franz **Grillparze**r betrachtet des Meeres und der Liebe Wellen.

Georg Wilhelm Friedrich **Hegel** vertritt den deutschen Idealismus.

Johann Gottfried **Herder** legte den Grundstein zum Historismus.

Friedrich **Hölderlin**s Eremit in Griechenland heißt Hyperion.

E.T.A. **Hoffmann** murrt, wenn er den Kater sieht.

Victor **Hugo** kümmert sich um die Elenden.

Gottfried **Keller** zieht den grünen Anzug an.

Heinrich von **Kleis**t kennt Michael Kohlhaas.

Friedrich Gottlieb **Klopstock** ruft den Messias.

August von **Kotzebue** streitet mit Goethe.

Gottfried Wilhelm **Leibniz** ist der letzte Universalgelehrte.

Gotthold Ephraim **Lessing** ruft nach der Minna.

Hermann **Löns** betrachtet dahinten in der Heide seine farbigen Bücher.

Guy de **Maupassant** ist ein Bel Ami.

Molière ist ein eingebildeter Kranker.

Novalis widmet sich dem Blütenstaub.

Wilhelm **Raabe** wohnt in der Sperlingsgasse.

Friedrich Wilhelm **Schelling** lebt im transzendentalen Idealismus.

Friedrich **Schiller** läutet die Glocke.

Shakespeare weiß alles (Schlag nach bei Shakespeare).

Stendhal malt rot und schwarz.

Adalbert **Stifter** mag bunte Steine und den Bergkristall.

Theodor **Storm** reitet auf dem Schimmel.

Ludwig **Tieck** interessiert sich für die schöne Magelone.

Clemens **von Brentano** besitzt Gockel, Hinkel und Gackeleia.

Adalbert **von Chamisso** liest Peter Schlemihls wundersame Geschichte.

Friedrich **von Schlegel** beschäftigt sich mit Lucinda und Arcos.

Christoph Martin **Wieland** lebte weiland in Weimar.

Emil **Zola** liebt Nana.

Klassisches Hexameron der Dichterfürsten

Wer nie sein Brot mit Tränen aß, (Goethe: Gedicht)

und nie einmal gefangen saß,

kennt nicht die Milch der frommen Denkungsart, (Schiller: Wilhelm Tell)

weil sie ihm nie geboten ward,

weiß nicht, wo die Zitronen blühen, (Goethe: Mignon)

sah nicht der Abendsterne Glühen,

bleibt fest gemauert in der Erden, (Schiller: Die Glocke)

kann nie und nimmer fröhlich werden,

wie das Röslein auf der Heiden, (Goethe: Heideröslein)

muss er's eben leiden,

denn mit des Geschickes Mächten (Schiller: Die Glocke)

ist kein ew'ger Bund zu flechten.

1.3. Wort-Gruppierungen

Gibt es oder gibt es nicht

Es gibt **A**bendsterne und Abendglocken,
es gibt Zimtsterne, aber keine Zimtglocken.

Arbeitskleider und Sonntagskleider,
Arbeitsämter, aber keine Sonntagsämter.

Bärenführer und Bärenfelle,
Bergführer, aber keine Bergfelle.

Baumstämme und Baumfarne,
Volksstämme, aber keine Volksfarne.

Bergsteiger und Bergleute,
Obersteiger, aber keine Oberleute.

Chemieprofessoren und Physikprofessoren,
Chemiewerke, aber keine Physikwerke.

Chlorwasser und Chlorkalk,
Kirschwasser, aber keinen Kirschkalk.

Dachstühle und Dachdecker,
Betstühle, aber keine Betdecker.

Dampfmaschinen und Eismaschinen,
Dampfkartoffel, aber keine Eiskartoffel.

Dornenkronen und Kaiserkronen,
Dornenbüsche, aber keine Kaiserbüsche.

Elfenbein und Elfentanz,
Schienbein, aber keinen Schientanz.

Erbsenzähler und Stromzähler,
Erbsensuppe, aber keine Stromsuppe.

Frauenhäuser und Frauenzimmer,
Gotteshäuser, aber keine Gotteszimmer.

Fußbälle und Handbälle,
Fußmärsche, aber keine Handmärsche.

Gänsebraten und Gänsefedern,
Schweinebraten, aber keine Schweinefedern.

Gummibälle und Fußbälle,
Gummibärchen, aber keine Fußbärchen.

Hansdampf und Hanswurst,
Wasserdampf, aber keine Wasserwurst.

Himmelskörper und Himmelsleiter,
Frauenkörper, aber keine Frauenleiter.

Himmelsrichtungen und Himmelsstürmer,
Einrichtungen, aber keine Einstürmer.

Hosenbeine und Hosenträger,
Tischbeine, aber keine Tischträger (oder doch?).

Imkerpfeife und Tabakspfeife,
Imkerhut, aber keinen Tabakshut.

Irrenhäuser und Irrenärzte,
Holzhäuser, aber keine Holzärzte.

Jodtinktur und Baldriantinktur,
Jodquellen, aber keine Baldrianquellen.

Jugendsünden und Jugenderinnerungen,
Todsünden, aber keine Todeserinnerungen.

Kaffeehäuser und Kaffeeautomaten,
Weinhäuser, aber (noch) keine Weinautomaten.

Katzenjammer und Katzenzungen,
Windjammer, aber keine Windzungen.

Kindergärten und Kinderschuhe,
Tiergärten, aber keine Tierschuhe.

Kopfform und Kopfgeld,
Hutform, aber kein Hutgeld.

Landkarten und Landratten,
Spielkarten, aber keine Spielratten.

Luftschiffe und Seeschiffe,
Luftkissen, aber keine Seekissen.

Maulkörbe und Maulwürfe,
Brotkörbe, aber keine Brotwürfe.

Meersalz und Kochsalz,
Meeresblick, aber kein Kochblick.

Nagelkopf und Nagellack,
Querkopf, aber kein Querlack.

Notlagen und Notlügen,
Steillagen, aber keine Steillügen.

Nutztiere und Rentiere,
Nutzfläche, aber keine Renfläche.

Obstsorten und Obstteller,
Kaffeesorten, aber keine Kaffeeteller.

Opfergabe und Opferstock,
Liebesgabe, aber keinen Liebesstock.

Pferdeäpfel und Pferdehaare,
Erdäpfel, aber keine Erdhaare.

Preisgeld und Schwarzgeld,
Preislage, aber keine Schwarzlage.

Quarzuhren und Quarzsand,
Kuckucksuhren, aber keinen Kuckuckssand.

Quellwasser und Trinkwasser,
Quellkartoffel, aber keine Trinkkartoffel.

Reisgericht und Pilzgericht,
Reiswein, aber keinen Pilzwein.

Rosenblätter und Rosenöl,
Kalenderblätter, aber kein Kalenderöl.

Schwachstrom und Starkstrom,
Schwachsinn, aber keinen Starksinn.

Seepferd und Seelöwe,
Reitpferd, aber kein Reitlöwe.

Seesterne und Seeigel,
Zimtsterne, aber keine Zimtigel.

Sonnentage und Regentage,
Sonnenuhren, aber keine Regenuhren.

Steinwein und Steinwurf,
Erdbeerwein, aber kein Erdbeerwurf.

Teufelszeug und Teufelsdreck,
Werkzeug, aber keinen Werkdreck.

Tischdecken und Tischbeine,
Zudecken, aber keine Zubeine.

Turnschuhe und Holzschuhe,
Turnstunden, aber keine Holzstunden.

Unternehmen und Abnehmen,
Unterleib, aber keinen Ableib.

Urkunden und Urgestein,
Laufkunden, aber kein Laufgestein.

Volksschulen und Baumschulen,
Volkshelden, aber keine Baumhelden.

Wasserburgen und Sandburgen,
Wasserhähne, aber keine Sandhähne.

Wolfsmilch und Wolfsburg,
Ziegenmilch, aber keine Ziegenburg.

Xenophon und Telephon,
Xenobiose, aber keine Telebiose.

Xylophon und Saxophon,
Xylem, aber kein Saxem.

Yoga und Taiga,
Yohimbin, aber kein Taihimbin.

Ypern und Ypsilon,
Kapern, aber kein Kapsilon.

Ziegenleder und Schweinsleder,
Ziegenbock, aber keinen Schweinsbock.

Zuckerhut und Eisenhut,
Zuckerbrot, aber kein Eisenbrot.

Die Macht des Artikels

Bei den folgenden Wortpaaren oder drei gleich lautenden Wörtern bestimmt der Artikel die Bedeutung.

Das Band ist aus Tuch und bunt.
Der Band ist aus Papier und hat viele Seiten.
Die Band macht Musik.

Der Bulle steht im Stall oder grast auf der Weide.
Der Bulle ist auch ein Schimpfwort für einen Polizisten.
Die Bulle wird vom Papst verhängt.

Das Bund (Rosen) ist prächtig und duftet.
Der Bund ist eine Vereinigung.

Das Ekel ist ein unangenehmer, widerlicher Mensch.
Der Ekel ist ein Übelkeit erregendes Gefühl.

Das Erbe gehört den Kindern.
Der Erbe kann sich freuen, zuweilen auch nicht.

Die Faust ist ein schlagkräftiger Körperteil.
Der Faust wurde von Goethe geschrieben.

Die Feige ist eine essbare, wohlschmeckende Frucht.
Der Feige hat nicht den Mut, eine Tat zu vollbringen oder die Wahrheit zu ertragen.

Das Fliegen macht mir immer noch großen Spaß.
Die Fliegen auf meinem Teller tun das nicht.

Der Gehalt bestimmt den Wert der Ware.
Das Gehalt sollte den Leistungen entsprechen.

Der Golf, z.B. der von Venedig, ist eine Meeresbucht.
Der Golf ist auch der Name eines Personenautos von VW.
Das Golf wird auf dem grünen Rasen gespielt.

Im Sommer sitzen die Grillen im Gras und zirpen.
Die Grillen im Kopf sind von keiner Jahreszeit abhängig.
Das Grillen sollte stets im Freien geschehen.

Die Heide ist grün und wurde von Hermann Löns beschrieben.
Der Heide ist ein ungläubiger Mensch.

Das Heroin ist ein gefährliches Rauschgift.
Die Heroin ist ein weiblicher Held.
„Eine Heroin braucht kein Heroin!"

Die Hut beschützt die Kinder.
Der Hut bedeckt den Kopf.

Die Kiefer steht im Wald.
Der Kiefer ist im Kopf.

Das Korn ist ein Getreide und wächst auf dem Feld.
Der Korn ist ein Schnaps und kann aus Korn gebrannt werden.

Die Körner sind klein und rundlich.
Der Körner ist ein Werkzeug, mit dem man Metall bearbeitet.

Die Lappen sind die Bewohner Lapplands.
Der Lappen ist ein Stoffstück.

Das Labrador ist eine nordamerikanische Halbinsel.
Der Labrador ist ein kräftiger Jagdhund.

Das Laster ist eine menschliche Untugend.
Der Laster bringt schwere Güter von einem zum anderen Ort.

Die Leiter ist ein Gerät zum Hinauf- und Hinabsteigen.
Der Leiter trägt die Verantwortung für Menschen.

Der Mangel ist eine fehlende Sache.
Die Mangel ersetzt bei großen Wäschestücken das Bügeleisen.

Das Mark ist bei Tieren im Knochen, bei Pflanzen im Stängel.
Die Mark war eine Währungseinheit.

Die Mast macht die Gans fett.
Der Mast ist ein wesentlicher Teil des Segelschiffs.

Das Moment ist eine physikalische Größe.
Der Moment ist das Gleiche wie der Augenblick.

Die Otter wird auch Viper genannt und ist eine Schlangenart.
Der Otter lebt im und am Wasser und hat Schwimmhäute zwischen den Zehen.

Das Pony ist eine kleine Pferderasse.
Der Pony macht ein Gesicht lustig oder interessant.

Das Reis ist ein pflanzlicher Zweig, das wir auch aus einem Weihnachtslied kennen: „Es ist ein Reis entsprungen".
Der Reis ist ein Grundnahrungsmittel.
Der andere Reis ist der Erfinder des Telefons.

Das Rentier ist das Nutztier der Lappen.
Der Rentier lebt im Ruhestand und bezieht seine Rente.

Das Schild vermittelt einen Hinweis.
Der Schild bietet Schutz vor Angriffen.

Die See und das Meer sind identisch.
Der See enthält auch Wasser, liegt aber im Binnenland.

Das Service wird auf den Tisch gestellt.
Der Service wird in Anspruch genommen.

Das Single wird beim Tennis von zwei Gegnern gespielt.
Der Single ist ein allein stehender Mensch.
Die Single steht der LP gegenüber als kleine Schallplatte.

Die Steuer ist eine gesetzlich vorgeschriebene Abgabe.
Das Steuer ist eine Lenkvorrichtung.

Der Stift ist jung.
Das Stift ist alt.

Die Stille ist ein erholsamer Zustand.
Der Stille ist ein schweigsamer Mensch.

Der Tau liegt auf der Wiese.
Das Tau liegt in der Hand des Matrosen.

Die Taube kann fliegen.
Der Taube kann nicht hören.

Die Tauber fließt zwischen Bayern und Baden-Württemberg.
Der Tauber (Richard) wurde der König des Belcanto genannt.

Der Titan ist mächtig.
Das Titan ist ein Metall.

Die Tolle sitzt auf dem Kopf und ist aus Haaren.
Der Tolle ist ein verrückter Mann.

Das Tor ist offen.
Der Tor ist töricht.

Das Verdienst ist eine anzuerkennende Tat.
Der Verdienst ist eine Bezeichnung für das Einkommen.

Die Funktion der zwei Pünktchen

oder **aus Mohren werden Möhren.**

In Berlin war eine heftige Diskussion ausgebrochen, ob es nicht an der Zeit wäre, aus antirassistischen Gründen die Mohrenstraße umzubenennen. Da kam von einer cleveren Frau der Vorschlag, auf das o einfach zwei Pünktchen zu setzen, dann wird aus der Mohrenstraße eine Möhrenstraße und das Problem ist kostenneutral und ohne politischen Streit gelöst.

Wer sucht, der findet. Also suchen wir nach weiteren Wörtern, deren Sinn sich ändert, wenn auf a, o oder u zwei Pünktchen gesetzt werden.

Kaum zu glauben, an der Bar sitzt ein Bär.
Als Butt verkleidet steigt ein Kölner in die Bütt.
Das Ohr ist einige Zentimeter lang, das Öhr der Nadel misst nur wenige Millimeter.
Die Einen wagen es sofort, die Anderen wägen erst ab.
Der Tageslauf wird sich wie immer abspulen.
Nach dem Essen kommt das Abspülen.
Die gute Frau Holle kommt nicht in die Hölle.
Kuchen werden in den Küchen gebacken.
Lange war sie krank. Nach ihrer Kur gewann sie die Kür.
Wo Lücken klaffen, kläffen die Hunde.
Die Entscheidungen fallen im Kopf des Försters,
die Bäume fällen dann die Waldarbeiter.

Es ist Winter. Stell' die heiße Suppe zum Erkalten nach draußen. Doch sollst Du Dich dabei nicht erkälten.
Zum Tuten braucht man Hupen, keine Tüten.
Wer in Schlössern gewohnt hat, ist an Luxus gewöhnt.
Wären die Waren schon hier, könnten wir sie verkaufen.
Ihr Kind ist schon ganz schön groß geworden.

Die Namen der Bewohner lauten Meier und Müller.
Um sie zu erreichen, muss man an den Türen läuten.

Wort-Trennungen

Wo sind die zwei Bücher geblieben?
Die beiden haben wir bei den Kindern gelassen.

Die Frau an ihren Mann, den Ladenbesitzer
Du musst Deine Anweisungen exakt erteilen. Deine Leute sollen die Größen exakter teilen, damit uns keine Verluste entstehen.

Nachricht auf See
SMS an den Kapitän des Fischkutters, gerade frisch erhalten: Sie sollen die erzielten Fänge frischer halten, damit sie sich besser verkaufen lassen.

Der Trainer an den Sportschützen
Wenn wir das Ergebnis der letzten Olympiade nicht nur etwa, sondern genau erzielen wollen, dann musst Du auch genauer zielen.

Gespräch unter einem alten Ehepaar
Lass uns diese Reise intensiv erleben, damit wir die paar Jahre, die uns noch bleiben, intensiver leben.

Ein ideales Fotoportrait
Auf diesem Foto kann man Dich zwar lebendig erblicken, doch für ein exzellentes Portrait musst Du viel lebendiger blicken.

Wann war es?
Es war an Fastnacht und es war schon fast Nacht.

Landwirtschaft
Seit der Gründung des Hofes werden nur Bio-Waren produziert.
Dazu gehört auch, dass kein Kunstdünger verwendet wird, sondern ausschließlich Grün-Dung zum Einsatz kommt.

Viel oder wenig Wasser
Im Stau-becken ist es reichlich.
Zur Entfernung von Staub-ecken braucht man nur wenig.

Wintersport – Ski-Pflege
Der Fachmann in der Wach-stube muss die Skier der Athleten je nach Schneebedingungen unterschiedlich wachsen. Jetzt sucht er eine bestimmte Wachs-tube.

Beim Orthopäden
Zur Be-inhaltung des Berufes eines Orthopäden gehört die Diagnose einer falschen Bein-haltung.

Chefin zur Angestellten
Sie müssen morgens immer pünktlich erscheinen und in Zukunft muss die Beleuchtung pünktlicher scheinen.

Kein gemeinsamer Nenner
Die Vers-endung eines Gedichts und die Ver-sendung einer Ware sind grundverschieden.

Ein Maler
Er hatte beachtliche Bild-Erfolge.
Doch bei der Präsentation seiner Werke wählte er keine günstige Bilderfolge.

Dieb in Venedig
Er stiehlt eine Bar-kasse und flüchtet mit einer Barkasse.

Der Verehrer
Die Gefühle, die er für die junge Frau seines Meisters empfand, waren ihm Herz-eigen. Herzeigen durfte er sie nicht.

Welche Tasche ist das?
Wenn ein Laie im Europäischen Arzneibuch das Wort Sulfa-tasche liest, wird er sich fragen, um welche Tasche es sich dabei handelt (gemeint ist keine Tasche, sondern eine Asche, nämlich die Sulfat-asche).

Gar muss es sein
Der Ungar isst sein Gulasch nicht gerne un-gar.

Lebende Bilder
Man kann ein Bild erleben,
wenn Bilder leben, dann führen sie ein Bilderleben.

Anweisungen
Schriftlich genau erfassen sollen wir alle Einzelheiten
und auch den Text genauer fassen.

Die Niederschrift muss präzis erfolgen, damit man dem Geschehen präziser folgen kann. Auch soll sie schnell erfolgen, damit man schneller folgen kann.

Du musst Deine Geschichte genau erzählen.
Wenn Du für eine Leistung bezahlt wirst,
sollst Du das Geld genauer zählen.

Einschübe

Zu den verbalen Experimenten, die man mit geeigneten Wörtern anstellen kann, gehören die Linkserweiterung, die Rechtserweiterung und Zentralerweiterungen, also Einschübe von einem bis einigen Buchstaben in die Buchstabenfolge eines gegebenen Wortes. Bei allen Experimenten erhalten die neuen Wörter einen anderen Sinn.

Beispiel einer Rechtserweiterung: Rind
Rind**e**
Rind**er**
Beispiel einer Linkserweiterung: Oma
Roma
Aroma

Der Bildung neuer Wörter durch das Experiment des Einschubs sind keine Grenzen gesetzt.

Aus auftauen wird auftau-ch-en
Aus Angela wird Angel-ik-a
Aus Anlage wird An-k-lage
Aus Artist wird ein Art-iller-ist
auflegen – auf-er-legen
auslesen – aus-er-lesen
Baumarkt – Bau-ern-markt
Beratung – Be-vor-ratung
Begriff – Be-sen-griff
bereiten – be-st-reiten
Brennessel – Brenn-k-essel

Busen – Bu-n-sen (Bunsenbrenner)
Damen – D-r-amen
Drachen – Drach-m-en
Duschgel – Dusch-en-gel
einig – ein-z-ig
einreisen – ein-k-reisen
enteisen – ent-gl-eisen
Erdnüsse – Erd-ge-nüsse
Erschaffung – Ersch-l-affung
Fallbeil wird Fall-bei-spie-l
Ferkel – Fe-de-rk-i-el
Festung – Fest-zeit-ung
Flugzeit – Flug-halb-zeit
frieren – fri-tti-eren
Gesicht – Ges-amt-s-icht
Grippe – G-e-rippe
Gründung – Gründ-üng-ung
Handbuch – Handb-r-uch
Haushalt – Haus-erhalt
heimisch – heim-tück-isch
Irisch – Ir-rw-isch
Junge – Jung-ge-sell-e
Kette – K-l-ette
Koks – Kok-o-s
Lette – Le-seke-tte
Lustreise – Lust-p-reise
Milcheis – Milch-r-eis
Mine – Mi-e-ne

Moment – Mo-nu-ment
Nager – Nage-tie-r
Obst – Ob-er-st
Oper - Op-f-er
Pose – Pos-aun-e
Reinfall – R-h-einfall
Rose – Ros-ett-e
Ruin – Ru-b-in
sauer – sau-b-er
Schere – Sch-w-ere
Schlosser – Schloss-h-er-r
Seren – Ser-enad-en
Spitze – Sp-r-itze
Strich – Str-e-ich
Taube – T-r-aube
Turner – Turn-i-er
unecht – un-ger-echt
unser – uns-aub-er
vereinen – ver-n-einen
vorsehen – vors-t-ehen
Wal – Wa-h-l
Ware – War-z-e
Wesen –Wes-t-en
Zentren – Zent-au-ren
Zitat – Zit-r-at (Salz der Zitronensäure)
Zuber – Z-a-uber

Doppeldeuter (Homonyme Situationen)

(Gleich ist nicht dasselbe)

In seinem besten **Anzug** ging er zur Kirche,
obwohl ein Gewitter im **Anzug** war.

Die **buchende** Person wollte unbekannt bleiben.
Das **Buchende** wollte sie in aller Ruhe genießen.

Bevor man Dir ein **Denkmal** setzt,
denk mal nach, ob Du es verdient hast.

Der kleine Junge mochte es überhaupt nicht, wenn seine üppige Tante ihn wieder mal an ihr Herz **drücken** wollte und überlegte rasch, wie er sich davor **drücken** könnte.

Ehe er ihr die **Ehe** versprach, hielt er schon Ausschau nach der Nächsten.
Ehe sie **Ehe**leute wurden, waren sie eher gegen eine feste Bindung.

Die Eicheln, also die Früchte der **Eichen**,
gleichen in Größe und Form sehr kleinen **Ei-chen**.

Der Blitzableiter hat eine **erdende** Funktion,
die aber nicht bis ans **Erdende** reichen muss.

Er dachte wirklich, das **Erdachte** sei Wirklichkeit.

Meinst Du das im **Ernst**,
hat **Ernst** tatsächlich im Lotto gewonnen?

Gemach, gemach Gnädigste,
Sie kommen schon noch in Ihr **Gemach**.

Die **Genossen** haben den Parteitag **genossen**.

Gib auf, sagte der hungrige Ehemann, der ungeduldig auf das Essen wartete, zu seiner Frau. **Gib auf**, sagte sie zu ihm, in diesem Ton mit mir zu sprechen.

Lasst uns mit einem **Golf** an den **Golf** von Venedig fahren und dort **Golf** spielen!

Du **hoffest** auf besseres Wetter,
damit es diesmal beim **Hoffest** nicht regnet.

Die Kleider **kosten** viel,
die Verliebten **kosten** oft.

Lang, lang ist's her seit **Lang Lang** seine Karriere als Pianist begonnen hat.

Bis zum **Laufende** erhält der Biathlet auf der Strecke zwischen den Schießeinlagen **laufende** Informationen.

In Hannover an der **Leine** führt man die Hunde an der **Leine**.

Obwohl sie wenig **leisten,** können sie sich vieles **leisten**.
Schuster bleib' bei Deinen **Leisten**.
Ein teures Auto kannst Du Dir nicht **leisten**!

SMS schreiben ist **modern**. Dabei **modern** die sprachlichen Ausdrucksfähigkeiten dahin, wie welkes Laub auf dem Komposthaufen.

Reis aß gerne **Reis**.
Johann Philipp Reis konstruierte das erste Gerät zur Übertragung von Tönen durch elektromagnetische Wellen. Die Erfindung von Reis wurde von A. G. Bell zum gebrauchsfähigen Telefon weiter entwickelt.

Nach dem Tischgebet schaute der **Schöpfer** im Himmel gnädig auf den Vater, der mit dem **Schöpfer** in der Hand die Suppe an Frau und Kinder verteilte.

Die **Stärke** des Sportlers beruht auf der **Stärke**, die in seiner täglichen Nahrung enthalten ist. Seine Lieblingsspeisen sind Nudeln und Spaghetti.

Wenn es kalt ist, soll man den Mantel **überziehen**. Aber nicht **überziehen** soll man sein Konto bei der Bank.

Ich muss mich darauf **verlassen**, dass alle Schüler den Saal **verlassen** haben.

Während der Techniker die Achse des Gerätes **vermisst**, überkommt ihn ein Niesreiz und er **vermisst** sein Taschentuch, um sich zu schnäuzen.

Versehe das Werk mit einem ‚**Versende**' und **versende** es umgehend an den Verlag.

Draußen **wehen** die Fahnen, drinnen beginnen die **Wehen**.

Es waren nur **zwei**, **zwei**felst Du etwa daran?

Hört sich wie gestottert an:

Nach Ende des Konzerts verlassen die Musiker **nach** und **nach** die Bühne.

Ab und **zu**, **zu** Weihnachten gibt es eine gebratene Gans.

Mit oder **ohne**? **Ohne** Sonne blüht die Rose nicht.

Hie und **da**, **da** gehen wir gerne spazieren.

Hin und **wieder wieder**holen wir wichtige Verkehrsregeln.

Am **Ende** sind wir **end**lich zufrieden mit dem Ergebnis.

Ich bin da**gegen**, **gegen** Bezahlung interne Daten weiter zu geben.

Die Nach**kommen kommen** zurück in ihre Heimat.

Dann und **wann, wann** genau?

Das Wort **eigentlich** sollte man **eigentlich** nicht gebrauchen!

Du isst **viel** zu **viel**, um **viel**leicht abzunehmen.

Gleichklänge mit leichten Abweichungen (Homophone)

Nach einer anstrengenden Arbeit legte sich der **Coach** auf die **Couch**.

Er kannte die Frau von Angesicht, **erkannte** aber nicht, dass sie taubstumm war.

Er löst das Blatt vom Kalender, sieht, dass es endlich Sonntag ist und fühlt sich **erlöst**.

Die **glorreichen Sieben** sind als Westernhelden bekannt.
Die **chlorreichen Sieben**[*] machen uns das Leben schwer.

Ihr Sieg war **glorreich**, das Wasser war **chlorreich**.

Wegen der Kürze des Textes kann man nur von **Kapitelchen** sprechen und deren Titel sollten mit **Kapitälchen** geschrieben werden.

Schreiben Sie:
„Sie hatte den Unfall glimpflich überlebt, **Komma**!
Er aber wurde schwer verletzt und liegt im **Koma**."

Diese Krawatte ist aus **Seide** und trägt auf beiden **Seiten** das gleiche Muster.

---

[*] Zu den sieben chlorreichen, giftigen Verbindungen gehören u.a. Tetrachlorkohlenstoff (der früher zur Fleckentfernung gebraucht wurde), Chloroform (lange Zeit ein beliebtes Narkosemittel), Lindan (das als Insektizid genutzt wird) und Dioxin (ein ubiquitäres Umweltgift).

Er machte eine entsetzte **Miene**,
als er die **Mine** im Sand entdeckte.
Wir durchquerten die **Mine** und sahen die Bergleute
mit ernster **Miene** arbeiten.
(Mine – ein Sprengkörper – ein unterirdischer Stollen – eine Kugelschreiber-Einlage)

Beachte meinen **Ratschlag**
und lass einen **Radschlag** in Deinem Alter bleiben.

Auf der großen **Schanze** hat er noch eine kleine **Chance** zu gewinnen.

Sehen Sie, dieses Halstuch ist **seiden** – es **sei denn**, Sie möchten eines aus Baumwolle, dann müssen wir woanders nachschauen.

Hier sehen Sie ein kostbares Instrument,
dessen **Saiten** noch aus echtem Darm gefertigt sind.
An den **Seiten** ist es allerdings leicht beschädigt.

Platztausch-Möglichkeiten (Anagramme)

Bauholz und Holzbau
Baumstamm – Stammbaum
Bergkäse und Käseberg
Bierkeller und Kellerbier
Dachziegel und Ziegeldach
Dauerfeuer und Feuerdauer
Entenschnabel und Schnabelente
Feldsalat – Salatfeld
Frauenwäsche und Wäschefrauen
Futterklee und Kleefutter
Geldschein und Scheingeld
Geldpreis und Preisgeld
Glasfenster und Fensterglas
Hausfrauen und Frauenhaus
Hausherren und Herrenhaus
Hausmusik und Musikhaus
Hosenlatz und Latzhosen
Katzenjammer und Jammerkatzen
Kernholz und Holzkern
Maschinenbau und Baumaschinen
Milchkuh und Kuhmilch
Rostbraten – Bratenrost
Salatkopf und Kopfsalat
Schimmelkäse und Käseschimmel
Schlüsselhaus – Hausschlüssel

Sommerwonne und Wonnesommer
Steinbruch und Bruchstein
Steinwein und Weinstein
Wasserflecken – Fleckenwasser
Weinhaus und Hauswein
Weinkeller und Kellerwein
Wirbelwind und Windwirbel
Wollesocken und Sockenwolle
Zahnsäge und Sägezahn
Ziegenmilch und Milchziege

Gereimte Anagramme

Aus Adel wird Leda.
Ein Ave für Eva.

Amor lebt in Roma.
Vom Amok zum Koma.

Die Angel ist zu lange.
Hol' mal die ganze Zange.

Aus Angela wird Anlage.
Ameisen sind nie Einsame.

Anna bleibt Anna,
oder wird Nana.

Dem da ein Bier, dem Kind den Brei.
Aus Eifersucht wird Schufterei.

Aus ein wird nie,
aus kein das Knie.

Aus Emma wird mal eine Amme.
Das Haar mit Henna färbt die Hanne.

Aus Feldsalat wird Salatfeld.
Aus Geldschein wird Scheingeld.

Futterklee oder Kleefutter.
Es lehrt in Armut Martin Luther.

Aus Kiel wird Keil,
aus Siel wird Seil.

Lage egal,
ins Lager das Regal.

Das Leben – ein Nebel.
Nun lese du Esel!

Der Teiler wird zum Leiter.
Leiser spricht der Seiler.

Aus lieb wird Beil,
aus Kiel wird Keil.

Macht Niedersachsen den Riesenschaden?
Kommen aus Daenemark die Kameraden?

Ich hab' eine reine Niere
und reite gerne Tiere.

Liest Norma den Roman?
Wohnt Nora in Oran?

Aus Ostern wird Nestor.
Rohrzucker aus Zuckerrohr.

Otto bleibt Otto
oder er spielt Toto.

Im Regen der Neger.
Reger bleibt Reger.

Aus Riese wird Reise,
aus Wiese die Weise.

Aus Ziele wird Zeile
und Liese singt leise.

Aus Rose wird Eros.
Der Oskar malt Karos.

Aus Tau wird die Uta.
Tabu ist die Tuba.

Rote Tore,
Eros und Sore.

Der Saul verkümmert zur Laus.
Die Sau reist aus (vor dem Metzger).

In Wien trinken sie Wein.
Aus Steinwein wird Weinstein.

Sinnentstellende Druckfehler (Metagramme)

Affekt – Effekt
abgeschmackt – abgeschmeckt
Barriere – Karriere
Band – Bund
Collage – College
Chip – Clip
Dunst – Kunst
Durst – Wurst
Eile – Eule
erotisch – exotisch
Falle – Falte
Fenster – finster
galant – Garant
geheim – gemein
heizen – hetzen
Inventar – Inventur
Iris – Isis
Jammer – Kammer
jucken – zucken
Karl – Kerl
Kegel – Kugel
Laub – Laus
Laube – Liebe
Made – Mode
Mond – Mord

Nabel – Nagel
Nerz und Netz
Opas – Opus
Ofen – Omen
packen – parken
patzen – petzen
Quallen – Quellen
Querdenker – Querlenker
Rasen – Rosen
Rast – Rest
Stadion – Station
Schild – Schuld
Talg – Talk
Tönung – Tötung
überlasten – überlisten
Unrat – Untat
verschmitzt – verschwitzt
Wehmut – Wermut
Xero – Hero
Xanthan – Lanthan
Yama – Lama
Yoga – Toga
Zelle – Zelte
Zange – Zunge

Aussagen mit einem Buchstaben mehr oder weniger

Anke will den **Anker** werfen.

Durch den **Bach** watet die **Bache**.

Wir besuchen unsere **Base** in **Basel**.

Ein **Beamter** muss keinen **Beamer** besitzen.

Der Dieb versteckt die **Beute** in einem **Beutel**.

Eine **Blase** auf der Haut kann durch **Blasen** nicht entfernt werden.

Um das Gewicht des **Diskus** entbrannte ein heftiger **Diskurs**.

Das **Essen** wird nicht auf einer **Esse** gekocht, sondern auf dem Herd.

Ein alter **Fluch** zwingt ihn zur **Flucht**.

Füllen sieht man in dem Gestüt in **Fülle**.

Dem Kind fehlt noch die **Gabe**, die **Gabel** richtig zu halten.

Der **Hall** ist mächtig in dieser **Halle**.

Sie hat **Höhenangst**, er hat **Höhlenangst**, das Kind hat **Höllenangst**.

Der **Kohl** ist zum Essen da, die **Kohle** zum Heizen.

Nach dem verlorenen Kampf sank der Ringer **matt** auf die **Matte**.

Wir wollen **Ostern** im **Osten** verbringen.

Lieber das Geld **versaufen** als mit dem Geld **ersaufen**.

Werkzeuge wie Hammer, Zange, **Kelle**, Säge etc. werden meistens im **Keller** aufbewahrt.

Nur mit **List** kam dieser Politiker auf die **Liste**.

Anna ist **nicht** unsere **Nichte**.

Aus dem **Rachen** speit der **Drachen** Feuer.

In dieser **Salbe** ist **Salbei** der Wirkstoff.

Der **Schrank** ist eine **Schranke**, die den Zutritt von Staub, Schmutz, Feuchtigkeit oder Motten verhindert.

Sekt wird in der asketischen **Sekte** nicht getrunken.

Die **Spinne** sitzt im Netz, der **Spinner** auf dem Dach.

Weder Werder Bremen noch Nottingham Forrest gewannen das Spiel.

Die **Wette** gilt, das **Wetter** wird morgen besser.

Der **Ziege** ist ein **Ziegel** auf den Kopf gefallen, nun ist sie tot.

Aus einem werden zwei Konsonanten

Die Kinder sollen abends **beten**, bevor sie in die **Betten** gehen.

Das **Genus** sagt uns, ob eine Sache männlich, weiblich oder sächlich ist. Der **Genuss** ist immer männlich, auch wenn es um Frauen geht.

Hasen können Haken schlagen, aber nicht **hassen**.

Ihr sollt Euch **hüten**, diese alten **Hütten** zu bewohnen.

Er **kam** ohne **Kamm** und Zahnbürste im Hotel an.

Sie tranken **Mate** und saßen dabei auf einer **Matte**.

Die Männer standen an der **Mole** und tranken eine kühle **Molle**.

Die **None** ist das Intervall von neun Tonstufen und der **Nonne** ist das bekannt.

Der **Ofen** verbreitete eine angenehme Wärme, aber die Tür stand **offen**.

Rasen ist eine Eigenschaft bestimmter **Rassen**.

Lasst uns **raten**, wie viele **Ratten** im Keller waren.

Robben tragen keine **Roben**.

Kaviar nennt man den **Rogen** des Störs, **Roggen** ist eine Getreideart.

Ren-Tiere sind keine **Renn**-Pferde.

Die **Rose** duftet, die **Rosse** scharren mit den Hufen.

Den **Schal** um den Hals, den **Schall** in den Ohren, so wartet man auf den Abflug.

Es ist ein **Segen**, dass der Rasen frei von **Seggen** ist.

Der Schmerz wurde durch einen kleinen **Span** verursacht, der im **Spann** steckte.

Die **Stele** steht an einer besonderen **Stelle**.

Der Brief, den sie **still** überreichte, war in bestem **Stil** geschrieben.

Aus der still gelegten Grube konnte man noch eine ganze **Tonne** roter **Tone** gewinnen.

Der **Wal** scheut nicht den **Wall** des stürmischen Wassers.

Wen soll man fragen, **wenn** die Aktien fallen?

Wir sind noch im Vollbesitz unserer geistigen Kräfte und reden nicht **wirr**.

Die **Zote** wird erzählt, die **Zotte** auf die Gießkanne gesetzt.

Apropos (ein Buchstabe zu viel oder aus eins mach zwei):

In der Nähe der Stadt Kaufbeuren liegt das Kloster Irsee, das heute als Schwäbisches Tagungs- und Bildungszentrum dient. In einer nahe gelegenen Gastwirtschaft erzählt man sich folgende Geschichte.

Dem Kloster stand früher ein sehr streitbarer Abt vor. Eines Tages erhielt er vom Bischöflichen Ordinariat einen Brief, der an den Abt des Klosters **Irr**see gerichtet war. Darauf schrieb der schlagfertige Abt umgehend an das Bischöfliche Ordina**rr**iat zurück.

99

2. Wortsippschaften

Zimmermann und Zimmerfrau

Die weibliche Form von Zimmermann sollte Zimmerfrau heißen, analog Hausmann und Hausfrau. Sie wird aber als Zimmerin bezeichnet, abgeleitet von Zimmerer.

Die Zimmerfrau ist ein älteres Zimmermädchen, das die Betten macht und die Stube in Ordnung bringt. Die Österreicher meinen damit auch eine Zimmervermieterin oder Wirtin. Dagegen lebt der Zimmerherr in Untermiete.

Was ist jetzt aber ein **Frauenzimmer**? Kein Zimmer im Frauenhaus, sondern ein weibliches Wesen, das als etwas liederlich und leichtfertig angesehen wird. Das **Herrenzimmer** ist tatsächlich ein Zimmer, in dem heute noch geraucht werden darf. Es hat so – wie das Frauenzimmer – etwas Anrüchiges, wobei sich das eine auf die Person, das andere auf die Luft im Raum bezieht.

Was ist ein **Weibsbild**? Eigentlich nur ein Synonym für Frau. Es kann mit den Adjektiven stramm oder schmuck verbunden werden, wird aber auch mit leicht abwertendem Beigeschmack verwendet.

Dagegen verbindet man mit **Mannsbild** eine betont männliche Erscheinung mit definierter Körperlichkeit.

Augen[*]

Wir wollen das Wort Augen in Augenschein nehmen und uns fragen, was wir im Auge behalten wollen, wie oft wir dafür die Augen offen halten müssen, was von alleine ins Auge springt und was wir nicht aus den Augen verlieren sollten. Dabei setzen wir voraus, dass wir noch im Vollbesitz unseres Augenlichtes sind und es uns nicht dauernd schwarz vor den Augen wird. Wenn nicht, würden wir Augenlinsen oder eine Brille, die man auch als Augenglas bezeichnet, benötigen. Um diese Sehhilfen zu erwerben, müssen wir einen Augenoptiker aufsuchen.

Doch dürfen wir die Augen nicht verschließen und den Tatsachen in die Augen sehen. Denn besser wäre es, vorher einen Augenarzt in seiner Augenpraxis zu konsultieren und ihn unter vier Augen zu befragen. Auf dem Land muss man sich danach die Augen ausgucken. Er richtet sein Augenmerk auf den Augeninnendruck, die Augenkammern und den Augenhintergrund d.h. auf essenzielle Fakten der gesamten Augendiagnostik um einen Augeninfarkt, eine Augengrippe oder weitere Augenerkrankungen zu erkennen. Er weiß, was ins Auge hätte gehen können. Er vermisst die Augenachse, untersucht die Augenlinse und die Augenbindehaut. Mit Hilfe eines Augenspiegels kann er eine Augenschwäche oder andere Augenfehler feststellen. Ein Augenjucken, ein Augenflimmern oder ein Augenzittern erkennt er mit bloßem Auge. Schließlich ist er Fachmann der Augenheilkunde.

[*] Der hochgeschätzten Ophthalmologin Frau Dr. med. Dr. rer. pol. Evelyn Beisel in Verehrung und Bewunderung zum 80. Geburtstag gewidmet.

Nach der Augenuntersuchung verordnet er Augentropfen, Augensalbe, Augencreme, Augenpflaster, Augenduschen und empfiehlt den Kauf einer Augenbadewanne, um bei Bedarf ein Augenbad durchführen zu können. Eine Augenbinde ist dann nicht vonnöten, erst dann, wenn eine Augenoperation in der Augenklinik durch einen erfahrenen Augenchirurgen durchgeführt wurde, bei der auch Augenkompressen und ein Augenverband benötigt wurden. Danach benutzt man vorübergehend eine Augenklappe.

Augenfremdkörper müssen entfernt werden, bevor sie zu dauerhaften Augenschäden führen. Manchmal ist auch ein Augenimplantat vonnöten. Einen Augenmagneten benötigt man zur Entfernung solcher Fremdkörper, die aus Eisen sind.

Die Augenbewegungen besorgt die Augenmuskulatur als Bestandteil des Augapfels, wenn wir mal beide Augen zudrücken möchten.

Mit Hilfe der Augenkosmetik und Augenpflege können Augenbrauen, Augenwimpern, Augenlider und Augenschatten betont, sowie Augenringe und Augenfältchen kaschiert werden. Nicht verändert wird dabei die Augenfarbe und es entstehen keine Augenschmerzen.

Augenzeugen liefern wichtige Erkenntnisse bei der Klärung von Vergehen oder Verbrechen.

Augenweide, Augenschein, Augenschmaus, Augenzauber, schöne Augen und große Kulleraugen machen müssen keine Augenwischerei sein.

Als Augenpulver zu bezeichnen sind die oft in winzigen Buchstaben gedruckten Inhaltsangaben auf Lebensmittelverpackungen. Damit will man uns Sand in die Augen streuen. Auch bei wachsamen Augen bleibt dieser Umstand ein Dorn im Auge. Nur verbal mit dem Auge in Verbindung zu bringen sind der Augenzahn, eine Bezeichnung des oberen Eckzahns und der Augenfleck, worunter man das Sehorgan der Einzeller versteht.

Bei ihren Kindern waren die Augen mal wieder größer als der Magen.

Bei der Rauferei sind aber alle mit einem blauen Auge davonkommen. Die Eltern sahen dies mit einem lachenden und einem weinenden Auge. Die Mutter hatte die ganze Nacht kein Auge zugetan und sich fast die Augen ausgeweint.

Es war schlechtes Wetter angesagt. Man konnte die Hand nicht vor den Augen sehen. Dann kam auch noch der böse Nachbar. Man wollte seinen Augen nicht trauen. Dessen Augen funkelten vor Zorn. Am liebsten hätte er uns die Augen ausgekratzt. Seine Vorwürfe passten wie die Faust aufs Auge.

Dann fiel es uns wie Schuppen von den Augen. Die Tochter des Hauses, die er ihrer schönen, blauen Augen willen verehrte, die er mit den Augen verschlang, der er jeden Wunsch von den Augen ablesen wollte, hatte ihm vor aller Augen den Laufpass gegeben. Jemand hatte ihr die Augen geöffnet. Sie sagte ihm – Auge in Auge – er solle ihr nicht mehr unter die Augen kommen.

Menschen mit Augenmaß und vergleichbarer Bildung begegnen sich soweit das Auge reicht auf Augenhöhe. Doch müssen es keine Augenmenschen sein, wie man Personen nennt, die Eindrücke am leichtesten visuell gewinnen.

Bei einer Wirtshausschlägerei kann vieles ins Auge gehen. Gegen ein Musauge oder Matschauge helfen keine Augenwäsche, kein Augenwasser und auch kein Augentrost. Ratsam ist eher das Aufsuchen eines Augenzentrums.

„Auge um Auge, Zahn um Zahn" ist ein bekanntes Bibelwort, „aus den Augen, aus dem Sinn", ein beliebtes Sprichwort.

Damit sind wohl die gebräuchlichen Redewendungen genannt, die das Wort Auge oder den Wortteil -auge enthalten.

Verweilen wir zum Schluss noch einen Augenblick bei solchen Augen, die nicht dem Menschen gehören oder nicht zum Sehen befähigt sind.

Zu denken ist dabei an Adlerauge, Argusauge, Bullauge, Fettauge, Hühnerauge, Insektenauge, Katzenauge, Kuhauge, Neunauge, Ochsenauge, Pfauenauge, Rotauge und Teufelsauge.

Bleibt abschließend mit etwas Augenzwinkern zu wünschen, dass jeder Mensch mehr positive als negative Erlebnisse hat, bevor er die Augen für immer schließt.

Augen in Redensarten und Sprichwörtern

Das, was von alleine ins Auge springt und das, was wir nicht aus den Augen verlieren sollten, ist nicht gleich.

Es soll uns nicht dauernd schwarz vor den Augen werden.

Doch dürfen wir die Augen nicht verschließen und müssen den Tatsachen in die Augen sehen.

Auf dem Land muss man sich danach die Augen ausgucken.

Er weiß, was ins Auge hätte gehen können, wenn wir mal beide Augen zudrücken möchten.

Damit will man uns Sand in die Augen streuen.

Auch bei wachsamen Augen bleibt dieser Umstand ein Dorn im Auge.

Bei ihren Kindern waren die Augen mal wieder größer als der Magen.

Die Eltern sahen dies mit einem lachenden und einem weinenden Auge.

Bei der Rauferei sind alle mit einem blauen Auge davon gekommen.

Redensarten mit Augen, leicht abgewandelt

Das hat der Adler aus den Augen verloren.
Den Hühnern auf die Augen treten.
Der Kartoffel die Augen auskratzen.
Es hätte ins Bullauge gehen können.
Es viel ihm wie Schuppen von den Kulleraugen.
Ich hab' die ganze Nacht kein Katzenauge zu getan.
Man kann die Hand nicht vor den Argusaugen sehen.
Mit den Augen auf die Weide gehen.
Mit einem blauen Rotauge davon kommen.
Mit einem lachenden Ochsen- und einem weinenden Kuhauge.
Sand in die Fettaugen streuen.
Um ihrer schönen Pfauenaugen willen.
Unter vier Neunaugen.
Wir müssen den Tatsachen ins Teufelsauge sehen.

Köpfe

Weil ich mir das in den Kopf gesetzt hatte, wächst mir nun die Arbeit über den Kopf.

Ich wollte mit dem Kopf durch die Wand.

Danach drehte sich mir alles im Kopf.

Nun bin ich wie vor den Kopf geschlagen.

Jetzt heißt es Kopf hoch!

Ich sage mir, du darfst den Kopf nicht hängen lassen!

Ich lasse mir keine Beleidigungen an den Kopf werfen!

Dann traf ich die schöne Lola.

Sie war von Kopf bis Fuß eine Schönheit und hatte ihren eigenen Kopf.

Sie hat mir gehörig den Kopf verdreht.

Zu spät merkte ich, dass ich für sie den Kopf hinhalten musste.

Jetzt werde ich ihr den Kopf zurechtsetzen.

Wie konnte ich nur so kopflos sein!

Wahrscheinlich hatte ich den Kopf ganz woanders.

Heute kann ich nur den Kopf schütteln.

Es nutzt nichts mehr, sich den Kopf darüber zu zerbrechen.

Ich darf jetzt nicht den Kopf verlieren oder eine Kopfgrippe bekommen.

Ich werde mir die ganze Angelegenheit aus dem Kopf schlagen, werde mir weder den Kopf vollstopfen, noch den Kopf abschlagen lassen.

Noch ist mir der Erfolg nicht zu Kopfe gestiegen.
Ich werde meinen Briefkopf ändern. Er ist zu kopflastig.

Eine neue Idee schwirrt mir durch den Kopf.
Ich werde den Kopf nicht in den Sand stecken, eher alles auf den Kopf stellen. Schließlich bin ich nicht auf den Kopf gefallen, auch wenn mir die Kopfhaut schmerzt.

Heute gibt es Kalbskopf en tortue.
Morgen gibt es Schweinskopfsülze mit Kopfsalat.

Abends spielen wir Schafskopf.
Pro Kopf werden zunächst 10 Euro eingesetzt.
Das ist aber kein Kopfgeld sondern Spielgeld.
Es sollen ja auch keine Köpfe rollen.
Leider besteht unser Quartett aus einem Dummkopf, einem Hohlkopf, einem Wirrkopf und mir, dem man das Prädikat Starrkopf verliehen hat.

Der Opa hat schon einen Glatzkopf.
Als Kind war er ein Trotzkopf.
Meine Frau benutzt immer die Haarkosmetik von Schwarzkopf.
Als Kopfschmuck trägt sie eine Spange aus Perlmutt.

Der eine Schwager ist ein Hitzkopf, der sich kopfüber in Risiken stürzt. Der andre ein Querkopf.
Mein Ältester ist leider ein Kindskopf geblieben.
Dennoch ist er kein Schwachkopf.
Großkopferte haben wir keine in der Familie.

Der Heringskopf, der Holzkopf und der Wasserkopf bestehen aus unterschiedlichen Materialien.

Kahlkopf und Kohlkopf sind Metagramme, die sich nur durch einen Buchstaben unterscheiden.

Salatkopf und Kopfsalat sind Anagramme.

Wer mit dem Auto über einen historischen Marktplatz fährt, sollte bedenken, dass sein Kopfsteinpflaster eine Kopfstütze und einen Kopfschutz ratsam macht, damit er keine Kopfnüsse erleidet.

Redensarten mit Kopf, leicht abgewandelt

Das Zündholz sollte sich nicht den Kopf zerbrechen!
Du darfst den Kopfhörer nicht verlieren.
Der Erfolg ist ihm in den Brückenkopf gestiegen.
Die Arbeit wächst mir über den Salatkopf.
Da kann ich nur die Kopflaus schütteln.
Es will mir nicht in das Kopftuch.
Ich fühle mich wie vor den Presskopf geschlagen.
Jeder Spargel hat seinen eigenen Kopf.
Mit dem Kopfkissen durch die Wand gehen ist sehr mühsam.
Von Kopfschmerz bis Fußleid auf Liebe eingestellt.

Beine

„Das Männlein steht im Walde auf einem Bein. Sagt wer mag das Männlein sein?"

Wir wollen hier aber nicht die Frage lösen, die in dem bekannten Kinderlied von August Heinrich Hoffmann von Fallersleben gestellt wird, ob nämlich der Fliegenpilz oder die Hagebutte gemeint ist. Es geht vielmehr um das **eine** Bein, auf dem es steht. Das können auch bestimmte Vogelarten, zum Beispiel die Flamingos, indem sie eine Energiesparfunktion ausüben.

Menschen fällt diese Übung schwer. Sie können besser auf beiden Beinen stehen, wenn sie auf den Beinen sind oder auf eigenen Beinen zu stehen wünschen. **Zwei** Beine sind auch essentiell für die Laufvögel wie Strauß oder Emu.

Drei Beine haben in der Regel ein Hocker oder der Melkschemel. Stühle und Tische haben normalerweise **vier** Beine. Das trifft auch für die Säugetiere zu, falls sie nicht im Wasser leben.

Mit **fünf** Beinen versehen sind bestimmte Barhocker, Laborhocker und Duschhocker, die dann nicht so leicht umkippen.

Insekten, wie Käfer und Fliegen, benutzen **sechs** Beine zum Gehen.

Sieben Beine findet man nur manchmal bei kuriosen Fehlbildungen in der Tierwelt.

Durch **acht** Beine unterscheiden sich Spinnen und Krebse von den Insekten.

Mit „alle Neune" sind keine Beine gemeint, sondern Kegel.

Tausendfüßler besitzen eine zwei- bis höchstens dreistellige Anzahl von Beinen.

Fragen wir uns jetzt, was man mit den Beinen alles anfangen oder anstellen kann:

Man kann etwas auf die Beine stellen, damit es aufgerichtet wird oder jemandem ein Bein stellen, damit er hinfällt. Unangenehm wird es, wenn mir jemand etwas ans Bein binden möchte, wenn man mir einen Knüppel zwischen die Beine werfen will, wenn mir die Beine schwer werden, wenn wir uns die Beine in den Bauch stehen müssen, wenn wir kalte Beine kriegen, kein Bein auf den Boden kriegen oder einen Klotz am Bein haben. Doch lassen wir uns von niemandem Beine machen oder ein Bein ausreißen. Freiwillig werden wir uns die Beine vertreten, die Beine übereinander schlagen und notfalls auch die Beine unter den Arm nehmen.

Wir möchten immer munter auf den Beinen sein und wenn das einmal nicht so ist, wollen wir schnell wieder auf die Beine kommen.

Manche Menschen fallen immer wieder auf die Beine, andere stellen zu lange die Beine unter Vaters Tisch oder schwingen sehr oft das Tanzbein, wenn es ihnen in den Beinen kribbelt.

Den Fifa-Bossen sollte man endlich die Hammelbeine langziehen, fast alle stehen mit einem Bein im Gefängnis. Sie sollten laufen, was die Beine hergeben, statt beinharte Geschäfte zu betreiben.

Von Nachteil ist, wenn man über die eigenen Beine stolpert, oder wackelig auf den Beinen ist, oder mit dem linken Bein aufsteht, oder X-Beine bzw. O-Beine hat, oder sich ein Bein bricht, oder mit einem Bein schon im Grabe steht.

Ein **Beinsortiment** kann folgende Objekte enthalten:

Beinhaus, worin die alten Knochen aufbewahrt werden. Es enthält die Gebeine der Verstorbenen.

Beinscheibe, die man wie Ochsenschwanz zubereiten kann.

Beinschiene als Teil einer Ritterrüstung oder Ausstattung eines Eishockey- oder Fußballspielers.

An das Brustbein sind die oberen sieben Rippen angewachsen.

Elfenbein ist ein kostbares Material.

Das Hosenbein ist der Teil der Hose, der das Bein bedeckt und auch als Beinhose bezeichnet werden könnte.

Das Holzbein ersetzt ein echtes Bein.

Das Knickebein ist eine mit Eierlikör gefüllte Praline.

Das Raubein ist ein gutmütiger Mensch, der nach außen hin grob erscheint.

Das Schienbein ist der vordere, stärkere Knochen des Unterschenkels.

Das Schlüsselbein verbindet das Brustbein mit dem Schulterblatt.

Spinnenbein, so wird außer dem Bein der Spinne auch ein sehr dünnes, langes Bein genannt.
Stuhlbein und Tischbein sind Teile von Möbeln.
Das Überbein ist kein Knochen, sondern eine knotenförmige Geschwulst, die gerne an Hand-und Fußrücken auftritt.
Das Zungenbein ist ein kleiner u-förmiger Knochen unter der Zunge.

Keinen Beinbruch erleidet, wer Beinbrech und Beinwell nicht kennt. Es sind Pflanzen, von denen die eine, Blume des Jahres 2011, stark gefährdet ist, die andere eine alte Heilpflanze darstellt.

Ein Rabenschnabelbein haben nicht nur die Raben, sondern auch alle anderen Vögel. Es kann aber nicht als Mahlzeit zubereitet werden wie ein Hühnerbein, ein Hähnchenbein oder die Beine von Wachteln, Tauben, Enten, Gänsen oder Puten.

Wie kann man Giraffen von Lügen unterscheiden?
Giraffen haben lange Beine, Lügen haben kurze Beine.

Ich möchte jetzt nicht Stein und Bein schwören, alles genannt zu haben, was mit Bein zu tun hat. Drum will ich mich schnell auf die Beine machen, den Lesern Hals-und Beinbruch wünschen und fragen, ob ich nichts vergessen habe.

Denn, was man nicht im Kopf hat, hat man in den Beinen.

Redensarten mit Bein, leicht abgewandelt

Reiß Dir kein Holzbein aus!

Was man nicht im Strumpf hat, hat man in den Beinen.

Darauf kann ich Stein und Wein schwören.

Sie hat A-Beine, er hat Y-Beine.

Mit einem Bein im Grab sitzen.

Lügen haben lange Beine.

Jemandem die Hummelbeine langziehen.

Ich wünsche Dir Hals- und Beckenbruch.

Heute Abend gehen wir das Tischbein schwingen.

Es ist seine Gewohnheit, die Beine untereinander zu schlagen.

Jemandem ein Bein legen ist heimtückisch.

Man wollte mir einen Knüppel hinter die Beine werfen.

Daraus wurde ein beinweiches Geschäft.

Du sollst nicht die Beine unter Deines Sohnes Tisch stellen.

Das haben wir alles unter die Beine gestellt.

Hände

„Reich mir die Hand mein Leben", singt Don Juan in Mozarts Oper Don Giovanni und „Wie eiskalt ist dies Händchen", klagt der Dichter Rudolf in Puccinis La Bohème.
Hand und Händchen gehören also zwei verschiedenen Frauen.

Frauen legen selten die Hände in den Schoß,
sie haben oft eine glückliche Hand,
geschickte Hände oder eine offene Hand,
manchmal auch ein Händchen – kein eiskaltes – für etwas.
Frauenhände ruhen nie, meint eine Redensart.

Frauen haben alle Hände voll zu tun oder
sie legen die Hände schützend um Kostbares.

Was können wir jemandem mit den Händen tun?
Jemandem freie Hand lassen, wenn wir das wollen,
in andere Hände geben, wenn es angebracht ist,
in die Hände fallen, wenn es sein muss,
in die Hände spielen, wenn es zweckmäßig erscheint,
aus der Hand lesen, wenn es gewünscht wird,
die Hand reichen, wenn wir es gut mit ihm meinen,
um die Hand bitten, wenn es um die Tochter geht,
von der Hand weisen, wenn es notwendig ist.

In bestimmten Situationen ist es angebracht,
etwas aus dem Handgelenk zu schütteln,

für jemanden die Hand ins Feuer zu legen,
die Beine in die Hand zu nehmen,
ein handfester Kerl zu sein,
eine lockere Hand zu haben,
freie Hand zu haben,
die Hand aufs Herz zu legen,
Hand in Hand zu gehen,
handgreiflich zu werden.

Die Hände von einer Sache zu lassen,
seine Hände im Spiel zu haben,
in die Hände zu spucken und etwas zu beginnen,
in festen Händen zu sein,
sich in guten Händen zu wissen,
seine Hände in Unschuld zu waschen,
sich die Hände zu reichen,
mit geübten Händen zu arbeiten
und nicht mit leeren Händen da zu stehen.

Hände weg von alledem!

Gebräuchliche Hand-Objekte

Die Handauslese, die von Winzern zur Gewinnung eines hochwertigen Weines durchgeführt wird.

Die Handfertigkeit, die Fähigkeit, geschickt mit den Händen zu arbeiten.

Das Handgelenk, das immer beweglich bleiben soll.

Der Handlanger, der uns zur Hand gehen soll.

Der Handrücken, der in galanter Zeit andeutungsweise geküsst wurde, wenn er einer Dame gehörte.

Die Handschrift, die demnächst abgeschafft werden soll.

Die Handschuhe, welche die Hände warm halten.

Das Handtäschchen, ohne welches Frauen nicht ausgehen möchten.

Die Handtücher, womit wir uns die Hände abtrocknen.

Die Handharmonika, im Gegensatz zur Mundharmonika.

Das Handzeichen, das recht hilfreich sein kann.

Die Handzeichnung, die etwas über den Charakter ihres Schöpfers aussagt.

Der Handzettel, der das Gedächtnis unterstützt.

Redensarten mit Händen

Meine Hände sind gebunden,
ich bin an Händen und Füßen gefesselt
und lebe von der Hand in den Mund,
ich habe auch nur zwei Hände,
außerdem bin ich Linkshänder.
Man sagt sogar, ich hätte zwei linke Hände
und wäre Wachs in den Händen meiner Frau.
Alles was ich von langer Hand vorbereite,
wirkt wie handgestrickt,
dabei sollte es doch Hand und Fuß haben.
Da hilft kein Händeringen.
In Wirklichkeit sind meine Probleme nur handgroß.

Um wieder froh zu werden denke ich an folgende Handhabung:
Ich bitte einige handverlesene Freunde um Hilfe,
welchen alles gut von der Hand geht,
eine Hand wäscht die andere,
und viele Hände machen bald ein Ende.

Außerdem ist es besser, einen Spatz in der Hand
als eine Taube auf dem Dach zu haben.
Nun bleibt zu wünschen, dass dieser Text durch viele Hände
geht. Wer das verhindert, dem droht ein „Hände hoch!"

Notabene: Händigkeit ist die deutsche Übersetzung des Begriffes Chiralität. Darunter versteht man die Eigenschaft zweier Objekte, sich wie Bild und Spiegelbild zu verhalten, aber nicht deckungsgleich zu sein, eben wie unsere Hände.

Zum Schluss bleibt noch die Frage, ob in den Begriffen Handel und Handlung auch die Hände stecken? Sie tun es, denn beide sind vom mittelhochdeutschen *handeln* abgeleitet, was mit „den Händen fassend" bedeutet.

Redensarten mit Händen, leicht abgewandelt

Besser eine Taube in der Hand als einen Spatz auf dem Dach.
Die Füße in die Hand nehmen.
Die Hände aus dem Schoß legen.
Zum Gebet die Hände entfalten.
Die Hände hinter dem Kopf zusammen schlagen.
Hand in Handschuh.
In die Hände falten.
In die Hände husten.
Seine Hände in Schuld trocknen.
Vom Mund in die Hand leben.
Von kurzer Hand vorbereiten.
Zwei rechte Hände haben.

Wortspiele mit Spielworten

Spielen kann man mit Wörtern, die den Wortteil **spiel** als Präfix oder als Suffix enthalten, wie **Spiel**zeit und Zeit**spiel**. Es ist weiterhin möglich, eine Reihe von Kofferwörtern zu bilden, bei welchen das Suffix **spiel** des einen Wortes das Präfix des anderen darstellt, wie Hör**spiel**regel, gebildet aus Hör**spiel** und **Spiel**regel.

Spiel als Präfix

Fragen wir zuerst, wo gespielt werden kann?

Am Spielautomaten, in der Spielbank, in einem Spielbetrieb, in der Spielecke, auf dem Spielfeld, natürlich auch auf einer Spielfeldhälfte oder am Spielfeldrand, in der Spielhölle und im Spiel-kasino, um Geld zu verlieren oder zu gewinnen, in einem Spielkreis, um sich zu erholen, in einem Spielmannszug, um anderen eine Freude zu bereiten, als Komparse in einer Spieloper, an einem bestimmten Spielort, auf einem schönen Spielplatz, in einem berühmten Spielsaal, an einer unbekannten Spielstätte, am Spieltisch, mit den Kindern in einer Spielstraße, unter freiem Himmel auf einer Spielwiese oder schließlich daheim im Spielzimmer.

Mit welchen Dingen und mit wem kannst Du spielen?

Mit einer Spielberechtigung, mit Pandoras Spieldose (Büchse), mit einem unwiderstehlichen Spieldrang, mit großem Spieleinsatz, als Spielfigur in einem Spielfilm, mit enormer Spielfreude, mit Spielgeld, auch ohne Spielgeräte, mit einer teuren Spielkonsole, in froher Spiellaune und unbändiger Spielleidenschaft, mit Spielmünzen, in einer Spielphase der mit der Zeit erworbenen Spielpraxis, unter strenger Beachtung der Spielregeln, mit einer Unmenge von Spielsachen, wobei ich meine Spielschuld abstottere, die ich meiner Spielsucht zu verdanken habe, bevor mir ein Spielverbot erteilt wird, mit viel Spielzeug, wozu Spielzeugautos und eine Spielzeugpistole und eine Spieluhr gehören, die sich in meiner Spielzeugkiste befinden. Spielzug um Spielzug, ohne Hektik, soll unsere Devise sein.

In welcher Rolle und wie spielen wir?

Im Spielanzug, nach verschiedenen Spielarten, als Spielertrainer, als Spielführer, als einfacher Spielgefährte, als treuer Spielkamerad, in der Spielleitung, als Spielmacher oder Spielmann, als leidenschaftlicher Spielteufel, als verfluchter Spielverderber.

Wann darf der Spieler spielen?

Beim Spielbeginn, am Spielende, in der Spielsaison, bei jedem Spielstand, am Spieltag, nach einem Spielertransfer, im Spielverlauf.

Das Präfix wird zum Suffix

Spielball – Ballspiel
Natürlich kann man den Spieß auch umdrehen und das Suffix zum Präfix werden lassen:
Ballspiel – Spielball.

Jetzt weiter wie zu Beginn:
Spielbrett – Brettspiel
Spieldauer – Dauerspiel
Spielerstamm – Stammspieler
Spielgemeinschaft – Gemeinschaftsspiel
Spielkarte – Kartenspiel
Spiellust – Lustspiel
Spielmusik – Musikspiel
Spielplan – Planspiel
Spielzeit – Zeitspiel
Spielzeugindustrie – Industriespielzeug

Spiel als Suffix

Wenn wir jetzt fragen, welches Spiel gespielt wird, dann trifft das für praktisch alle Beispiele der alphabetischen Liste zu, nur für den Begriff „Beispiel" nicht. Realistisch sind das Abspiel, das Ballspiel, das Bettspiel, das Brettspiel etc. Sie werden von einem bestimmten Standort aus, mit dem Ball, im Bett, auf einem Brett etc. gespielt.

Möglich und sinnvoll ist eine Unterteilung in
Spiele mit Objekten, Organen, Personen, Zeiten, Gefühlen.

Spiele mit Objekten

Das Ballspiel benötigt einen oder mehrere Bälle.
Bettspiele werden nicht in der Öffentlichkeit ausgetragen.
Für ein Brettspiel benötigt man ein Spielbrett, auf dem die Figuren bewegt werden.
Fahnenspiele sind symbolische Handlungen.
Flötenspiel, Harfenspiel, Klavierspiel und andere musikalische Darbietungen werden von Instrumentalisten ausgeführt.
Kammerspiele finden nicht unter freiem Himmel statt.
Das Kartenspiel dient der Unterhaltung.
Randspiele finden weniger Beachtung als Hauptspiele.
Ein Rollenspiel will geübt werden.
Das Preisspiel kostet Geld oder bringt Geld.
Das Tennisspiel ist zu einem Volkssport geworden.
Wasserballspieler sind harte Burschen.
Wasserspiele konnten sich früher reiche Fürsten leisten.
Das Windspiel ist ein Hund.

Spiele mit Sinnesorganen und Körperteilen

Fingerspiel ist ein Synonym für leichte Übung.
Fußballspiel und Handballspiel finden auf Spielfeldern statt.
Handspiel wird beim Fußballspiel bestraft.
Hörspiele sind nicht zu sehen.
Nervenspiele erzeugen Stress.
Zungenspiele können gefährlich sein.

Spiele mit Personen

Kinderspiel, Narrenspiel.

Spiele mit Zeiten

Abspiel, Dauerspiel, Doppelspiel, Hinspiel, Nachspiel, Rückspiel, Vorspiel, Zeitspiel, Zwischenspiel.

Spiele mit Gefühlen:

Falschspiel, Lieblingsspiel, Lustspiel, Mienenspiel, Trauerspiel.

Verschiedenes

Hauptspiel und Nebenspiel unterscheiden sich in der Bedeutung.
Heimspiele müssen keine Musterspiele sein.
Ein Treffer macht aus dem Lottospiel ein Glücksspiel.
Ein Schauspiel wird aufgeführt, ein Zuspiel wird ausgeführt.

Kofferspielwörter oder Spielkofferwörter?

Ball-spiel-art aus Ballspiel und Spielart.
Finger-spiel-drang aus Fingerspiel und Spieldrang.
Flöten-spiel-dauer aus Flötenspiel und Spieldauer.
Hand-spiel-einsatz aus Handspiel und Spieleinsatz.
Hin-spiel-hälfte aus Hinspiel und Spielhälfte.
Heim-spiel-feld aus Heimspiel und Spielfeld.
Kinder-spiel-film aus Kinderspiel und Spielfilm.
Mienen-spiel-figur aus Mienenspiel und Spielfigur.
Lotto-spiel-führer aus Lottospiel und Spielführer.
Orgel-spiel-geld aus Orgelspiel und Spielgeld.
Schau-spiel-hölle aus Schauspiel und Spielhölle.
Tennis-spiel-konsole aus Tennisspiel und Spielkonsole.
Zeit-spiel-mann aus Zeitspiel und Spielmann.
Zwischen-spiel-lust aus Zwischenspiel und Spiellust.

Wörter wie Gespielin oder bespielen sind keine Kofferwörter.

Notabene. Wussten Sie, dass es ein Sprach-spiel-buch von Duden gibt?

Offizinell – ein Buchstabe zu viel?

Wenn ich vor Kurzem in einer Abhandlung über Färberpflanzen, die zugleich Arzneipflanzen sind, einige Male das Adjektiv „offizinell" gebrauchte, wurde es mir von Seiten des Verlags immer zu „offiziell" korrigiert. Warum?

Wir kennen den Ausdruck **offiziell**, der vom französischen *officiel* stammt, das wiederum vom lateinischen *officialis* kommt und „dienstlich" bedeutet.

Ähnlich ist es mit dem **Offizier**, französisch *officier*, abgeleitet vom lateinischen *officium* = Pflicht. Demnach ist ein Offizier einer, der seine Pflicht tut, ein Dienstleister, ein Beamter.

Weniger geläufig ist der Begriff **Offizin**, aus dem lateinischen *officina* = Werkstatt kommend. In den Apotheken ist die Offizin der Abfertigungsraum für die Patienten, in dem sie ihre Arzneimittel erhalten und beraten werden. Dazu gehört auch die räumlich separierte Rezeptur, in der Arzneimittel nach dem Rezept des Arztes angefertigt werden.

Die in den Arzneibüchern beschriebenen und dadurch in ihrer Qualität abgesicherten Arzneistoffe und Arzneimittel werden als **offizinell** bezeichnet. Offiziell und offizinell sind also verschiedene Begriffe mit verwandten etymologischen Wurzeln.

Offizin und offizinell muten den pharmazeutisch ahnungslosen Bürger schon etwas fremdartig an.

Doch wie exotisch klingt erst der Begriff **Offizialat**. Auf dem Schild an einem Haus in der Nähe des Doms St. Martin zu Rottenburg am Neckar ist beispielsweise „Bischöfliches Offizialat" zu lesen.

Wo finden wir eine Erklärung? Tatsächlich kennt sie der Duden, der besagt, dass das Offizialat eine bischöfliche, kirchliche Gerichtsbehörde sei. Dort heißt es auch, die Herkunft sei lateinisch-neulateinischer Art.

Salz, Salsa, Salza, Salzach

Hat Salsa tanzen etwas mit Salz zu tun? Ja oder nein?

Sie meinen nein?

Salsa ist die Abkürzung für den spanischen Begriff *Salsa picante* = scharfe Soße. Seit etwa 50 Jahren bezeichnet man damit auch eine bestimmte lateinamerikanische Musik. Salsa wurde zum Gattungsbegriff für einen ursprünglich volkstümlichen Tanz, der sich heute weltweit großer Beliebtheit erfreut.

Da man beim Salsa-Tanzen ins Schwitzen gerät, bildet sich Salz auf der Haut. Also hat es doch etwas mit Salz zu tun.

Salsa ist nicht zu verwechseln mit der Salza. Sie ist der rechte Nebenfluss der Enns in der Obersteiermark in Österreich.

Ferner gibt es in Österreich auch die Salzach als rechten Nebenfluss des Inn und Hauptfluss des Landes Salzburg.

Der sprachneutrale Professor

Etymologisch betrachtet ist der Professor ein Bekenner der wissenschaftlichen Wahrheit, abgeleitet vom lateinischen Verb *profiteri* = offen bekennen, gestehen.

Will man verbal aus der männlichen Person ein bisexuelles Individuum oder ein geschlechtsloses Neutrum machen, so darf das **f** nach dem **Pro** nicht fehlen. Deshalb kann ich dem zwar originellen aber sachlich nicht vertretbaren Vorschlag „Prosecco" (von Harald Martenstein – ZEIT MAGAZIN Nr. 50/2014) nicht zustimmen. Außerdem klingen Wörter mit einem **o** als Endbuchstaben stets männlich, während man die auf **a** endenden als Mädchennamen gebrauchen kann, wenn sie wohlklingend und nicht zu kompliziert sind.

Eine andere Möglichkeit, den Gender zu befriedigen, besteht darin, die Endsilbe zu eliminieren, Lady Bitch Ray würde sagen, den Schwanz abzuschneiden. Es hieße dann Profess. Doch das klänge unpersönlich, eher sachlich, wie Prozess. Deshalb halte ich die Sache nicht für einen gendergerechten Progress.

Die Verstümmelung zum Prof ist schon lange geläufig. Ihr haftet aber ein männlicher Hautgout an, der im Nachhinein schlecht zu desodorieren ist.

Statt Prosecco könnte man auch Profix wählen; damit wäre das **f** gerettet. Aber dabei käme der Gedanke an Asterix, Obelix und Gefährten auf, und die sind alle Männer.

Wie wär's, wenn wir beide geschlechtspezifischen Vokale anhängen würden: Profess**ao** oder Profess**oa**. Die erste Alternative erinnert jedoch bei schnellem Sprechen an ein als schmutzig geltendes Haustier. Nehmen wir doch das sexneutrale **i** oder das **u** als Endbuchstabe. Professori wäre der Plural von Professoru. Das erlaubt sogar die Einsparung von zwei Buchstaben, womit wir zu Professu und Professi kommen.

Ohne die komischen Gallier wäre Profix ideal. Also ersetzen wir das **ix** durch ein **ex**. Der und die Profex sind dann gleichwertig, gleichberechtigt und gendergerecht. Gegebenenfalls könnten die Studenti sagen: Die Ex von unserem Profex war auch Profex.

Doch bleiben wir nicht am Profex haften. Viel dringender wäre es, endlich mal das Pronomen **man** zu gendern. Schließlich ist nicht zu übersehen, dass im **man** ein abgemagerter Mann steckt. Diskutiert wird dieses Phänomen in „Banker und Bankerte" (IBF Verlag Deutsche Sprache, 2013, ISBN 078-3-942409-35-3).

Der Duden nennt als erste unter vier weiteren Bedeutungen „jemand (sofern er in einer bestimmten Situation stellvertretend für jedermann genommen werden kann)".
Da haben wir's wieder: **er** und jeder**mann**!

Ein Vorschlag, um das Problem zu lösen:
Man könnte statt **man** doch einfach **es** sagen.

Bedeutungswandel

Was haben die alten olympischen Spiele mit einem modernen Tonträger zu tun?

In unserem technologischen Zeitalter, in dem zahlreiche neue Apparate und Einrichtungen geschaffen werden, braucht man auch neue Namen, um sie zu kennzeichnen. Woher nehmen „wenn nicht stehlen"? Leihen klingt gemäßigter. Am besten entleiht man Worte aus dem Griechischen oder Lateinischen.

Dabei kommt es häufig zu einem Bedeutungswechsel.

Bei der oben gestellten Frage geht es um den Diskus, eine schwere Wurfscheibe, die in verkleinerter Form zur Diskette wurde, womit man einen Datenträger bezeichnet. Im Vergleich zu dem ebenfalls runden, scheibenförmigen alten Tonträger, der Schallplatte, ist die Diskette viel kompakter. Daher Kompakt-Diskette, was auf Englisch *compact disc* heißt, Abkürzung CD.

Von Nachteil ist bei allen Akronymen, dass sie zur Bezeichnung unterschiedlicher Objekte und Vorgänge gebraucht werden können und dadurch ihre Eindeutigkeit verlieren.

CD bedeutet auch Corps Diplomatique.

Erz

Nicht jedes Erz-Wort ist metallhaltig!

Das Erzgebirge verdankt seinen Namen der Entdeckung großer Erzvorkommen. Ebenso verhält es sich mit dem Erzberg, der zur steirischen Stadt Eisenerz gehört, die ihrerseits in den Eisenerzer Alpen gelegen ist. Er hat seinen ehrlichen Namen von Eisenerzen, die dort im Tagebau abgebaut werden.

Doch was haben die Erzämter, der Erzbischof, die Erzengel, der Erzfeind, der Erzgauner, der Erzherzog, die Erzschleiche, die Erzväter und die Erzwespen mit metallhaltigen Mineralien zu tun?

Erzämter sind die im Heiligen Römischen Reich von den Kurfürsten ausgeübten Ehrenämter wie Erzkämmerer, Erzkanzler, Erztruchseß.

Der **Erzbischof** ist nicht aus Erz, er ist aus Fleisch und Blut. Die Vorsilbe ist vom lateinischen Wort *archi* = Oberster, Anfang, Führung, hier im Sinne von „Ober"- abgeleitet. Also bedeutet Erzbischof Oberbischof. Ähnliches gilt für andere Personen, deren Namen mit dem gleichen Präfix beginnen.

Die **Erzengel** sind die ranghöchsten Engel, wozu Gabriel, Michael und Raphael zu zählen sind.

Erzfeind bedeutet schlimmster Feind, Todfeind.

Der **Erzgauner** ist ein besonders bösartiger Gauner.

Erzherzog war der Titel der Prinzen des Hauses Österreich.

Das Besondere an den **Erzschiffen** ist die Möglichkeit, auf der Rückreise mit anderen Massengütern beladen werden zu können, nachdem sie ihre Funktion als Frachter für den Transport von Erzen erledigt haben.

Die **Erzschleiche** ist eine Wühlechse, die mit ihrer Körperfarbe an Erze erinnert.

Als **Erzväter** bezeichnet man die Stammväter des jüdischen Volkes: Abraham, Isaak und Jakob.

Erzwespen, von denen es weltweit etwa 25.000 Arten gibt, sind Hautflügler-Insekten mit metallisch schillernder Färbung.

Suffix-Sippschaften

Suffix-Sippschaften oder kurz Suffixsippen sind Wortfamilien mit gleichen Endsilben. Der Phantasie sind wiederum keine Grenzen gesetzt. Hier einige Anregungen:

– **ade**

Die Marmelade ist viskos und schmeckt süß.
Die Remoulade ist auch viskos, schmeckt aber nicht süß.
Die Scharade ist ein Rätselspiel, durch das man beispielsweise den Unterschied von Marmelade und Remoulade herausfinden soll.

– **aise**

Die Bouillabaisse wird ausnahmsweise mit zwei „s" geschrieben und ist eine Delikatesse der französischen Küche.
Die Chaise ist eine veraltete Bezeichnung für einen Stuhl oder einen Sessel bzw. eine halboffene Kutsche.
Malaise meint Unannehmlichkeit, Ärger, Missstimmung.
Die Marseillaise ist die französische Nationalhymne. Man kann sie singen.
Die Mayonnaise ist eine dickflüssige kalte Soße aus Eigelb, Speiseöl und Zitronensaft. Man kann sie essen.

– **arius**

Extraordinarius ist kein besonderer und kein besonders qualifizierter Ordinarius sondern ein außerordentlicher Professor. Er steht rangmäßig unter dem Ordinarius, dem ordentlichen Professor.

Gibt es auch unordentliche Professoren? Gewiss, nur äußert sich das nicht im Titel.

Als Primarius wird der erste Geiger eines Orchesters oder der Chefarzt einer Klinik bezeichnet.

– alz

Im Papier ein Falz
Brot und Salz
Hopfen und Malz
Butter und Schmalz
Wein und die Pfalz
Bursch' auf der Walz
Gott erhalt's

– ise

Chemise (Hemd)
Remise (Schuppen)
Markise (aufrollbares Sonnendach)
Expertise (Gutachten)

– dor

Isidor und Theodor sind Männernamen.

Der Korridor ist entweder ein Flur oder ein schmaler Landstrich, der durch das Hoheitsgebiet eines fremden Staates führt.

Der Matador ist ein Stierkämpfer, der dem Stier den Todesstoß versetzt.

Mirador ist eine Ortschaft in Guatemala.

Aus der Fülle der Wortfamilie – **tor** sollen nur einige Gruppen erwähnt werden, wie Geräte, Personen, Männernamen, Begriffe und Starkbiersorten.

Geräte (der -tor-Wortfamilie)
Analysator werden unterschiedliche physikalische Messgeräte genannt.
Der Castor transportiert radioaktives Material.
Der Detektor dient dem Nachweis nicht unmittelbar zugänglicher Daten.
Der Defibrillator kann lebensbedrohende Herzrhythmusstörungen beseitigen.
Der Exsikkator dient zum Trocknen von Chemikalien.
Der Generator wandelt mechanische in elektrische Energie um.
Der Inhalator ist ein Inhalationsgerät.
Der Kultivator lockert den Ackerboden.
Monitor ist die Bezeichnung für den Bildschirm oder ein Kontrollgerät.
Der Motor ist eine Maschine, die durch Umwandlung von Energie einen Antrieb erzeugt.
Der Reaktor ist eine Vorrichtung, in der chemische oder physikalische Prozesse ablaufen.
Der Reflektor wirft Licht zurück oder bündelt es.
Der Rollator ist eine Gehhilfe.
Der Rotor erledigt verschiedene technische Aufgaben.
Der Ventilator surrt und bewegt die Luft.

Personen (der -tor-Wortfamilie)

Der Autor schreibt.

Der Doktor behandelt Kranke.

Der Dominator beherrscht die anderen.

Der Imperator herrscht und befiehlt.

Der Inspektor schnüffelt herum.

Der Inspirator regt andere zu etwas an.

Der Investor legt Kapital an.

Der Kommentator äußert seine Meinung zu einer Person oder einer Sache.

Der Konditor stellt Feingebäck her.

Der Laudator hält eine Lobrede.

Mentor war der Erzieher von Telemach. Heute ist der Mentor ein Ratgeber oder väterlicher Freund.

Der Nestor war in der griechischen Sage ein greiser König. Heute bezeichnet man mit Nestor einen weisen Ratgeber.

Der Organisator schafft Ordnung und Übersicht.

Der Pastor predigt.

Der Quästor kassiert Geld.

Der Rektor leitet eine Schule oder Universität.

Der Senator ist einer des Ältestenrats.

Salvator ist ein Synonym für Heiland, Erlöser, Jesus.

Der Tutor betreut Menschen.

Der Visitator besucht und untersucht Einrichtungen und Geschehnisse.

Männernamen (der -tor-Wortfamilie)

Aus der Mythologie

Hektor war ein trojanischer Held.

Stentor war ein stimmgewaltiger Held der griechischen Sage.

Viktor ist das männliche Pendant der Victoria.

Begriffe (der -tor-Wortfamilie)

Der Äquator ist der größte Breitenkreis der Erde.

Der Faktor hat Auswirkungen.

Der Multiplikator vervielfältigt und vermehrt.

Terminator wird die Grenzlinie zwischen dem beleuchteten und unbeleuchteten Teil des Mondes genannt.

Der Vektor wird mit einem Pfeil dargestellt.

Aus der Chemie

Der Emulgator ermöglicht die Bildung einer Emulsion.

Der Indikator ist ein Anzeichen für den Verlauf oder das Ende eines Prozesses.

Starkbiersorten

Der Paulaner Salvator schmeckt vorzüglich und ist, wie viele seiner Artgenossen, ein Starkbier (Doppelbock), das ursprünglich in der Fastenzeit als flüssige Nahrung diente.

Zu dieser Wortsippschaft gehören u.a.

Aloisiator, Apostulator,
Bambergator, Bavariator,
Celebrator, Cervator, Coronator,
Delicator,
Honorator,
Impulsator,
Josefator, Jubilator,
Kulminator,
Maximator, Multiplikator,
Optimator,
Palmator, Poculator,
Spekulator, Sympathor,
Triumphator,
Unimator.

Die ling-Familie

Mit Ausnahme solcher Begriffe wie Bowling, Curling oder Wrestling, die sich von den englischen Wörtern *to bowl* = rollen (lassen), *to curl* = (sich) winden, drehen und *to wrest* = ringen ableiten, sind alle Mitglieder der ling-Familie männlichen Geschlechts.

Zu den weltbekannten **Persönlichkeiten**, deren Namen mit dem Suffix **ling** enden, gehören:

Pauling, Linus (US-amerikanischer Chemiker, zweifacher Nobelpreisträger)
Rilling, Helmut (Deutscher Dirigent)
Schelling, Friedrich Wilhelm Joseph (Deutscher Philosoph)

Doch wo treffen wir Mitglieder dieser Familie häufig an?
Bei den **Vögeln** sind es nur der Hänfling, die Sperlinge und die Stärlinge.

Unter den **Käfern** sucht man vergebens oder man denkt an die Larve des Maikäfers, die bekanntlich Engerling heißt. Einige Käfer sind auch Schädlinge.

Die **Schmetterlinge** gehören direkt zur ling-Familie, aber unter ihren Art-Genossen sind nur Weißlinge und Bläulinge zu finden.

Die Suche im Bereich der **Fische** fördert fast nur den Stichling, den Saibling und den Bitterling als Süßwasserfische sowie den Wittling und den Seeschmetterling als Meeresfische zutage.

Schlingpflanzen sind keine „ling-Pflanzen", weil ihr „ling" kein Suffix ist. Die Schlingpflanze wäre dann der einzige weibliche Vertreter unter den männlichen Familienmitgliedern, wozu der Schierling und der Winterling zählen. Zu den pflanzlichen Objekten gehören Keimlinge, Schösslinge, Sprösslinge und Stecklinge.

Wo verbergen sich jedoch Dutzende von Wort-lingen?
Unter den **Menschen** wie Du und ich.

Der Abkömmling ist ein familiärer Nachkomme,

der Däumling ist etwas klein geraten,

der Ehrgeizling hat wenige Freunde,

der Emporkömmling ist unbeliebt,

der Erstling ist beneidenswert,

der Feigling wagt nicht, seine Meinung zu sagen,

der Firmling geht brav in die Kirche,

der Flüchtling ist zu bedauern,

der Fremdling hat es schwer,

der Günstling sollte nicht auf das Glück vertrauen,

der Häftling muss seine Strafe absitzen,

als Hänfling wird ein magerer, schwächlicher Mensch bezeichnet,

der Häuptling beherrscht seinen Stamm,

der Höfling hofft auf die Gunst seines Herrn,

der Impfling muss die Impfung erleiden,

der Jüngling wird mit den Jahren älter und reift zum Mann,

der Kümmerling bereitet sich und anderen Sorgen,
der Liebling ist zu beneiden,
der Lüstling sündigt,
der Miesling verdirbt anderen die Stimmung,
der Mischling hat Eltern verschiedener Rasse,
der Naivling sollte etwas dazu lernen,
der Neuling muss sich eingewöhnen,
der Nützling ist willkommen,
dem Primitivling ist nicht zu helfen,
der Prüfling muss zeigen, was er kann,
der Säugling muss gestillt werden,
der Schwächling kann sich nicht durchsetzen,
der Sonderling geht eigene Wege,
der Täufling hat einen Paten,
der Wüstling ist zu verabscheuen,
der Zögling muss noch viel lernen.

Der Rohling, den man in der Bedeutung roher Mensch einordnen könnte, ist eher die Bezeichnung für ein noch zu bearbeitendes Werkstück.

Der Findling muss nicht unbedingt ein Mensch – er kann auch aus Stein sein.
Das gilt im übertragenen Sinne auch für Zwillinge, Drillinge, Vierlinge usw..

Wo findet man eine noch größere ling-Familie?
Antwort: Unter den **Pilzen**!
Pfifferlinge, Ritterlinge, Röhrlinge und Täublinge liegen uns sozusagen auf der Zunge. Doch „wer zählt die Völker, nennt die Namen" mit und ohne Präfixe und Suffixe?

Hier eine alphabetische Auflistung, die Vollständigkeit anstrebt, ohne sie ganz zu erreichen:

Ackerling, Becherling, Blätterling, Bläuling, Borstling, Brätling, Drüsling, Düngerling, Egerling, Ellerling, Fälbling, Grübling, Häubling, Helmling, Hirschling, Hörnling, Kernling, Knäueling, Kreisling, Krempling, Leistling, Milchling, Muschelling, Nabeling, Porling, Räsling, Rasling, Rehling, Rötling, Rübling, Saftling, Scheidling, Schirmling, Schneckling, Schüppling, Schwindling, Stäubling, Tintling, Tintenschopfling, Träuschling, Trichterling, Trübling, Wirrling, Zähling, Zärtling, Zitterling.

Nicht alle diese Pilze sind essbar wie ein Bratling und beim Verzehr mancher Pilze sollte man auf den gleichzeitigen Genuss eines Rieslings verzichten.

Schließen wir dieses Kapitel mit drei alliterierenden Begriffen: Fäustling, Fingerling und Frühling. Der Fingerling schützt die Näherin vor Stichen, der Fäustling schützt die Hand vor Kälte, die der Frühling vertreibt.

Blumist, einer aus der ist-Familie

Heute las ich zufällig das Wort Blumist und machte mich kundig zu diesem Begriff, den mein Rechtschreibewächter rot unterstrichen hatte. Blumisten sind Liebhaber und Kenner der Blumen und betreiben die Blumenzucht als Kunst.

Da ich in Karlsruhe lebe und die Stadt gerade ihren 300. Geburtstag feiert, ist es naheliegend, an den Gründer dieser Stadt, Karl Wilhelm von Baden-Durlach zu denken. Seine Leidenschaften – so wird behauptet – waren Frauen und Blumen, genauer gesagt Tulpen. Darf man ihn daher als Feminist und Tulpenist bezeichnen? Ein Anhänger des Feminismus war er nicht, doch Tulpenist könnte man ihn nennen. Die Frage bleibt offen, ob es die sagenhaften Tulpenmädchen gab, oder ob es nur Gartenmägdelein waren.

Dass die Floristin die Blumen schön zu binden weiß und der Dentist die Zähne repariert, ist allen bekannt.

Doch wie unterscheidet sich der Analyst (abweichend mit y geschrieben) vom Analytiker? Der eine analysiert die Vorgänge an der Börse und an den Finanzmärkten, der andere arbeitet mit analytischen Methoden.

In der bildenden Kunst vertreten Dadaisten, Expressionisten, Impressionisten, Klassizisten, Konstruktivisten, Kubisten, Naturalisten, Puristen, Realisten verschiedene Stile.

Die Musik kennt Vokalisten und Instrumentalisten.

Die Vokalisten sind Sänger, die sich ihrer Stimmen bedienen. Zu ihnen gehören die Altistin, der Baritonist, der Bassist und die Sopranistin.

Die Instrumentalisten benötigen Musikinstrumente, um Musik zu vermitteln. Wir kennen Akkordeonisten, Bratschisten, Cellisten, Cembalisten, Fagottisten, Flötisten, Gitarristen, Harfenisten, Hornisten, Klarinettisten, Oboisten, Organisten, Paukisten, Pianisten, Posaunisten, Saxophonisten, Tubisten, Violinisten und Xylophonisten, um nur die bekanntesten zu nennen.

Nach Personen benannt, die die Welt – nicht immer zum besten – verändert haben, sind die Bolschewisten, Buddhisten, Darwinisten, die Konfuzianisten, die Leninisten, die Marxisten, die Maoisten, die Nationalsozialisten, die Stalinisten, die Trappisten, Trotzkisten.

Die Christen müssten in Analogie als Christusisten bezeichnet werden. Warum spricht man von Mohammedanern und nicht von Mohammedisten?

Cartoonisten, Journalisten, Juristen, Kabarettisten, Karikaturisten, Kolonialisten, Kolumnisten, Lageristen, Lobbyisten, Maschinisten, Polizisten, Putschisten, Telefonisten, Touristen und weitere Personen sind nach ihren Tätigkeiten benannt oder nach dem, was sie gerade unternehmen.

Artilleristen, Infanteristen, Kavalleristen und Obristen müssen keine Militaristen sein!

Verschiedene Weltanschauungen werden dokumentiert durch Bezeichnungen wie Anarchisten, Atheisten, Existentialisten, Feministen, Humanisten, Islamisten, Kommunisten, Materialisten, Merkantilisten, Moralisten, Nationalisten, Naturalisten, Ökologisten, Ökonomisten, Pantheisten, Pazifisten, Pietisten, Populisten, Rassisten, Realisten, Royalisten, Separatisten und Sozialisten.

Als Romanisten wurden früher die Anhänger der römisch-katholischen Kirche bezeichnet. Heute versteht man darunter Wissenschaftler, die sich mit der Romanistik befassen oder Juristen, deren Spezialgebiet das römische Recht darstellt.

Eine Gefährdung des Weltfriedens stellen die Schrecken verbreitenden Dschihadisten, Faschisten und Salafisten dar.

Dschihadisten sind Islamisten, die für den Erhalt und die Ausbreitung ihres Glaubens kämpfen und ihre Tätigkeit als „heiligen Krieg" bezeichnen.

Der Faschist ist ein Anhänger des Faschismus, einer nach dem Führungsprinzip orientierten, nationalistischen, antidemokratischen, rechtsradikalen Ideologie.

Als Salafisten bezeichnet man die urkonservativen Islamisten.

Was verbindet das Auto mit dem Autisten?
Der Autist ist ein Mensch mit angeborener Entwicklungsstörung, mit extremer Selbstbezogenheit und sozialer Kontaktunfähigkeit. Abgeleitet ist der Begriff vom griechischen Wort *autos* = selbst. Das Auto (bzw. Automobil) ist ein Vehikel, das selbst, also aus eigener Kraft fährt.

Nicht zur engeren "ist"-Sippschaft gehören einige einsilbige Wörter, bei welchen das „ist" kein Suffix bedeutet. Hierzu gehören List, Mist, Rist, Twist und Zwist.

Zum Schluss bleibt noch das komische Wort Pleinairist einzuordnen. Es gehört in den Bereich bildende Kunst und bezeichnet einen Freilicht-Maler, abgeleitet von französisch-neulateinisch *pleine air* = freie Luft, in der Natur, nicht in geschlossenen Räumen.

Ein Pessimist würde jetzt daran erinnern, dass noch zahlreiche Begriffe fehlen, die bisher nicht einzuordnen waren.

Ein Optimist würde meinen, wozu Vollkommenheit anstreben, wenn wir dem Blumisten doch Dutzende Vertreter der „ist-Familie" gegenüber gestellt haben.

Hören wir also auf den Humoristen, der die Vollkommenheit nur den Göttern gönnt.

3. Wortseilschaften

Leber

Heute kommt mal wieder zart gebratene Kalbsleber mit Apfel- und Röstzwiebelringen sowie ein paar Blättchen Salbei auf den Tisch. Bis das Essen bereitet ist, wollen wir über essbare und nicht essbare Objekte nachdenken, die das Wort Leber in ihrem Namen tragen.

Entenleber, Gänseleber, Hühnerleber, Putenleber, Kalbsleber, Schweineleber und Rinderleber.

Sie unterscheiden sich, abgesehen von den Spendertieren, durch den Preis, die Qualität des Geschmacks, die Feinheit der Textur und die kulinarische Zubereitung.

Leberkäse, Leberwurst, Leberknödel, Leberspätzle und Kalbsleberwurst.

Was man regional als Leberkäse bezeichnet, ist Fleischkäse und enthält meist keine Leber. Aber Fleischkäse ist kein Käse, sondern eine blockförmige Wurst ohne Pelle.
In der Pfälzer Leberwurst und in Leberknödeln ist tatsächlich Leber vom Schwein enthalten. Auch Leberspätzle tragen einen ehrlichen Namen und werden aus Rinderleber mit Zutaten hergestellt.

Kalbsleberwurst musste bisher keine Kalbsleber enthalten. Solange die so bezeichnete Wurst Kalbfleisch enthielt, durfte sie diesen Namen tragen, auch wenn die Leber nicht vom Kalb sondern vom Schwein oder anderen Tieren stammte.

Seit Januar 2010 muss Kalbsleberwurst u.a. auch Kalbsleber enthalten, wobei aber keine quantitativen Angaben gemacht werden. Nach neuen Leitsätzen soll eine Wurst, die Kalbfleisch aber keine Kalbsleber enthält, als Kalbfleisch-Leberwurst bezeichnet werden.
Der Mindestgehalt an Kalbfleisch soll 15% betragen.

Wussten Sie übrigens, dass es auch einen Leberwurstbaum (*Kigelia africana*) gibt?
Er heißt auch Wurstbaum oder Elefantenbaum und es wachsen keine Leberwürste auf ihm. Die wurstähnlichen Früchte werden in Form einer Zubereitung zum Gerben von Tierhäuten benutzt.

Stopfleber, Leberzirrhose und Leberkrebs

Die Produktion von Gänse- und Entenstopfleber ist eine Tierquälerei durch den Menschen. Die Tiere werden zum Körnerschlucken gezwungen. Menschen quälen sich freiwillig, wenn sie sich eine Säuferleber zulegen. Dabei stellt sich die Qual – im Gegensatz zur Gänse- und Entenmästerei – erst nach einer langen Zeit des Genusses, nicht von Getreidekörnern sondern von Alkohol ein, worunter auch der eine oder andere Korn sein mag.

Das Endstadium der dadurch ausgelösten Lebererkrankung wird Leberzirrhose genannt. Sie geht einher mit einer Zerstörung der Architektur der Leberzellen und deren Ersatz durch Bindegewebe, das die Funktionen der Leber nicht übernehmen kann.

Der Leberkrebs besteht in der Bildung bösartigen Gewebes in der Leber und kann verschiedene Ursachen haben.

Lebertran, Leberfleck und Leberegel

Lebertran soll in richtiger Dosierung wegen seines Gehaltes an Vitamin A und Vitamin D sehr gesund sein, schmeckt aber scheußlich. Er ist das aus der Leber von Dorschen und Heilbutten gewonnene Öl und nicht zu verwechseln mit den aus der Muskulatur der Tiefseefische gewonnenen Fischölen, die wegen ihrer stark ungesättigten Fettsäuren als gesundheitsfördernde Nahrungsergänzungsmittel konsumiert werden.

Der Leberfleck ist eine gutartige Wucherung von pigmentbildenden Zellen auf der Haut, deren Farbe an die Farbe der Leber erinnert.

Der Leberegel ist ein schlimmer Saugwurm, der in der Leber und der Galle pflanzenfressender Wild- und Haustiere parasitiert.

Leberblümchen, Lebermoose und Leberpilz

Das Leberblümchen (*Hepatica nobilis*), ein Hahnenfußgewächs, hat blaue Blüten und keine braunen, die an die Farbe der Leber erinnern würden. Früher gebrauchte man das Leberblümchen zur Behandlung von Leberleiden, leider ohne Erfolg.

Lebermoose sind grün und werden so bezeichnet, weil früher Abkochungen mit Wein als Mittel gegen Leberleiden verwendet wurden.

Der Leberpilz, der auch Ochsenzunge genannt wird, wächst nicht auf der Leber sondern auf Stämmen und Stümpfen alter Eichen.

So viel für heute!
Na denn, guten Appetit!

Korinthen, Rosinen, Sultaninen und Zibeben

Wird in einem Brief an die Korinther die ausgebliebene Lieferung der bestellten Korinthen angemahnt? Ist die Rosinante die gekürte Rosinenkönigin in Analogie zur Weinkönigin? Gibt es auch weibliche Sultane, die dann Sultaninen heißen müssten? Sind Zibeben andere Bezeichnungen für Zibetkatzen oder Zibärtle?

Zunächst wollen wir einmal festhalten: In allen vier Fällen geht es um getrocknete Weinbeeren, wobei **Rosinen** als Oberbegriff fungiert.

Rosinante heißt in Cervantes „Don Quijote" dessen abgemagertes Pferd. Dass die Rosinante auch Rosinen fressen würde, ist anzunehmen. Ob ihre spärlich produzierten Pferdeäpfel dann Rosinengröße aufweisen könnten und Rosinante daher als Rosinenkacker zu bezeichnen wäre, bleibt eine offene Frage.

Korinthen, benannt nach dem griechischen Ausfuhrhafen Korinth, werden aus der Rebsorte *Korinthiaki* gewonnen. Sie sind schwarzbraun bis schwarzblau.

Die **Korintherbriefe** sind zwei im Neuen Testament enthaltene Briefe von Paulus an die christliche Gemeinde von Korinth, die um 50 n.Ch. gegründet wurde. Dabei geht es nicht um Korinthen sondern um Ehe und Liebe.

Sultaninen werden aus der weißen, dünnhäutigen, besonders süßen und kernlosen Sultana-Traube gewonnen. Sultan ist der Titel der islamischen Herrscher.

Mit Sultaninen könnten die Frauen eines Sultans bezeichnet werden, das heißt aber nicht, dass sie weibliche Sultane wären.

Zibeben heißen in Süddeutschland und Österreich die Rosinen. Das Besondere an den Zibeben ist ihre Gewinnung durch Trocknen der Beeren am Weinstock. Sie werden auch zu Trockenbeerenauslesen verarbeitet.

Die **Zibetkatze** ist eine in Afrika und Asien heimische Schleichkatze mit dunkel geflecktem Fell und sehr langem Schwanz. Sie sondert aus einer Afterdrüse ein salbenähnliches, gelbes bis bräunliches, als Zibet bezeichnetes Sekret ab, das seit alters her als Riechstoff sehr geschätzt ist und in der Parfümerie mit dem ähnlich riechenden Moschus konkurriert. Zibetkatzen sind kleine Raubtiere und daneben Allesfresser, die gelegentlich auch Wurzeln und Früchte verzehren. Man darf also annehmen, dass sie in der Not auch Zibeben nicht verschmähen würden.

Zibärtle kann man oft in (süd)deutschen Läden lesen, die Obstbrände feilbieten und oft steht dieser Schnaps neben dem Zwetschgenwasser.

Ob beabsichtigt oder nicht, die Nachbarschaft ist sinnvoll, denn beide sind Brände aus zwei Unterarten der Pflaume (*Prunus domestica*). Die eine wird Zwetschge, die andere Zibarte (alemannisch Zibärtle) genannt. Zibärtle ist wesentlich teurer als Zwetschgenwasser, weil die Zibarte heute nur noch selten angebaut wird und ihre Steinfrüchte sehr klein sind. Man könnte sie in getrocknetem Zustand für große Zibeben = Rosinen halten.

Süß als organoleptische Eigenschaft

Zucker schmeckt süß, Süßstoff schmeckt süß, Glycerin schmeckt süß, daher wurde es von seinem Entdecker Carl Wilhelm Scheele ursprünglich auch Ölsüß genannt.

Doch wie steht es mit der wichtigsten, essentiellen, lebenserhaltenden Verbindung, dem Wasser? Was wir täglich brauchen ist das Süßwasser. Weiß doch jeder, was Süßwasser ist. Süßwasser schmeckt aber nicht süß sondern ist geschmacklos.

Der Name ist wahrscheinlich gewählt, um es vom Salzwasser des Meeres und vom Bitterwasser, das therapeutisch verwendet wird, zu unterscheiden. Was ist das Gegenteil von salzig und von bitter? Salzfrei und was dann? Da bitter vom althochdeutschen *bittar* kommt, was beißen heißt, könnte man sagen: nicht beißend. Aus dieser Verlegenheit hilft der nicht ganz logisch angewandte Begriff süß. Doch ist das Süßwasser ebenso wenig süß wie süße Babys oder süße Kätzchen. Wäre Sauerwasser ein gängiger Begriff, so hätte Süßwasser seine verbale Berechtigung.

Ähnlich verhält es sich mit Süßmilch (existiert eigentlich nur als Familienname) und Sauermilch, Süßbutter und leicht angesäuerter Butter. Süßmilch und Süßbutter schmecken nicht süß.

Sinnvolle Gegensätze existieren in den Begriffen:
Süßstoff und Sauerstoff (nur bedingt),
Süßrahm und Sauerrahm,
Süßkirsche und Sauerkirsche.

Keine süßen Kontrahenten haben Sauerampfer, Sauerbraten und Sauerkraut.

Süßmilch und Süßrahm können sauer werden. Das konnte auch Professor Sauerbruch, wenn ihm etwas nicht passte.

Was Süßes zum Essen ist die Schokolade. Doch der Gegenspieler zu Bitterschokolade heißt Milchschokolade.

Geschmackliche Gegensätze können sinnvoll kombiniert werden.

Süß-sauer sind oft Speisen und Soßen der chinesischen Küche. Süß-sauer ist jeder Weißwein, auch wenn uns das nicht so bewusst ist, denn er enthält Weinsäure und mehr oder weniger Restzucker.

Bitter-süß schmecken die Bitterschokolade und der giftige Bittersüße Nachtschatten.

Bitter-salzig und sehr unangenehm schmeckt das Bittersalz (Magnesiumsulfat) und die Kombination bitter und sauer schmeckt scheußlich.

Eine sehr eigenartige Kombination unterschiedlicher Geschmacksträger stellt die mexikanische Mole dar. Sie ist eine Soße aus Chili und Schokolade und wurde ursprünglich zubereitet, um die verhassten Spanier zu ärgern.

Dann aber gewöhnten sich die Mexikaner selbst daran und heute ist sie eine Spezialität der mexikanischen Küche. Die Rezepte sind von Region zu Region unterschiedlich. Eine der bekanntesten und beliebtesten Molen ist die Mole Poblano aus dem Bundesstaat Puebla.

Die Kanne

„Komm, braune Hanne, her, reich mir die Kanne her, füll mir den Schlauch! Lösch mir der Kehle Brand", so singt Falstaff in den „Lustigen Weibern von Windsor" (Oper von Otto Nicolai).

Und als die Kanne mehrmals leer und sein intestinaler Schlauch randvoll war, versank er in einen tiefen Schlaf und träumte von Worten, die er an die Wand geschrieben sah: Kanne, Kannä, Kannabinol, Kannibale, Kanada, Kanossa.

Wieder nüchtern fragte er seine Kumpane, was diese Worte wohl zu bedeuten hätten.

Kanne war ein von ihm selbst oft benutztes Wort, dessen Bedeutung ihm bekannt war.

Einer wusste, das **Kannä** so viel wie Unglück, Niederlage, Fehlschlag oder Ähnliches zu bedeuten hätte und woher dieser Ausdruck kommt. Er ist abgeleitet von der Schlacht bei Cannae, in der 216 v. Chr. ein Römerheer von Hannibal vernichtend geschlagen wurde.

Ein Suchti in seiner Tafelrunde konnte was mit **Kannabinol** anfangen. Das ist ein Wirkstoff im Haschisch, der berauscht und glücklich macht. Dass der Name von der Stammpflanze *Cannabis sativa* (wissenschaftlicher Name von Hanf) stammt, wusste er natürlich nicht.

Kannibalen waren bekanntlich Menschen, die Menschenfleisch verzehrten. Ob ritualer Kannibalismus ganz verschwunden ist, wird von den Anthropologen unterschiedlich diskutiert. Häufig wird ein roher, brutaler Mensch mit Kannibale bezeichnet.

Kanada, das weiß doch jedes Schulkind, ist ein großes Land, das an die USA grenzt und von zwei Meeren umgeben ist, im Osten vom Atlantik, im Westen vom Pazifik.

Kanossa (Canossa) war einem anderen seiner Gefährten trotz beginnender Demenz noch im Gedächtnis geblieben. Sein Geschichtslehrer sprach immer von „Heinrich dem Schaf", der den Gang nach Canossa angetreten hatte. Gemeint war König Heinrich IV., der auf der Burg von Canossa Papst Gregor VII. um die Lösung vom Kirchenbann bat.

Heute bedeutet der Gang nach Canossa eine tiefe Demütigung. Und die erfuhr Falstaff, als ihn die Weiber von Windsor in einen Wäschekorb sperrten.

Notabene: Es gibt auch eine Kannenpflanze, die Insekten frisst.

Koggen

Verbale Nachbarn oder Wort-Verwandte?
Bei Wörtern mit gleich lautenden Wortstämmen nimmt man zunächst an, dass sie semantisch verwandt sind. Das muss aber nicht so sein.
Oft sind es nur alphabetische Nachbarn wie Koggen, Kokken, Kokotten, Kokon, Kokos und Koks.

Koggen sind bauchige Segelschiffe, die vom 13. bis ins 15. Jahrhundert als Handels- und Kriegsschiffe verwendet wurden. Zur Herkunft des Wortes Kogge gibt es unterschiedliche Meinungen. Einige Linguisten leiten es von dem lateinischen Namen *concha* oder dem französischen *coquillage* für Muschel ab, andere denken dabei an die kugelförmige Gestalt.

Kokken sind dagegen kugelförmige Bakterien. Wir kennen Enterokokken, Gonokokken, Meningokokken, Pneumokokken, Staphylokokken und Streptokokken als gefährliche Keime, die Infektionskrankheiten verursachen.

Die **Kokotte** ist der Name für einen feuerfesten Schmortopf zum Braten und Backen. Diese Kokotte ist rund, meist dekorativ und aus Steingut, Porzellan oder Gusseisen gefertigt.

Als **Kokotten** bezeichnet man elegante Buhlerinnen. Das Wort ist abgeleitet vom französischen *la cocotte*, das Hühnchen.

Die Kokotten aus Fleisch und Blut sind auch dekorativ, darunter sind schlanke und rundliche anzutreffen.

Zu letzteren gehörten auch jene, von denen man sagte: „Zart besaitet, hart gesotten sind die Rokoko-Kokotten".

Der **Kokon** ist ein Gespinst aus feinen Fäden. Er dient bestimmten Insekten zur Eiablage oder als Verpuppungshülle.

Von größter und wirtschaftlicher Bedeutung ist der Kokon des Seidenspinners, aus dem die Seide gewonnen wird. Das Wort geht auf das provenzalische *coucon* = Eierschale zurück, das selbst von *cocco* = Hahn stammt.

Das **Kokos** ist der essbare oder trinkbare Inhalt der Kokosnuss. Ein Kokosbusserl ist kein Kokolores sondern ein Synonym für die Kokosmakrone, die aus Kokosflocken gebacken und gegessen wird.

Kokolores ist ein männliches Substantiv und bedeutet Unsinn.

Das Wort **Koks** hat zwei unterschiedliche Bedeutungen. Zum einen wird damit das Brennmaterial bezeichnet, das durch Erhitzen von Steinkohle unter Luftausschluss entsteht. Es ist schwarz.
Die andere Bedeutung beruht auf der Wortverkürzung von Kokain zu Koks. Kokain ist weiß. Wenn in den zwanziger Jahren in Berlin ein Junge zu seiner Mutter sagte „der Mann mit dem Koks ist da", dann war nicht das schwarze Brennmaterial gemeint, sondern das weiße Rauschgift.

Fazit: **Ko, Kog, Kok und Koko** sind alphabetische Nachbarn ohne semantische Verwandtschaft.

Die Wortseilschaft zwischen der schönen Lau und dem Zwergenkönig Laurin

Eduard Mörike hat bekanntlich eine Historie über die **schöne Lau** geschrieben.
Als Frau eines Wasserkönigs vom Schwarzen Meer war sie in den Blautopf bei Blaubeuren verbannt worden, weil sie keine lebenden Kinder gebären konnte.
Der Fluch würde von ihr genommen werden, sobald sie fünfmal herzhaft gelacht habe. Doch dies scheint ihr im sparsamen Schwabenland nicht gelungen zu sein.

Laurin ist der Name des sagenhaften Zwergenkönigs und Herrn des Rosengartens, der im Kampf von Dietrich von Bern besiegt wurde. Als mittelhochdeutsches, paargereimtes Heldenepos ist die Sage unter den Titeln „König Laurin" oder „Der kleine Rosengarten" beschrieben.

Um die traurigen Sagen zu verdrängen, wollen wir mit „Lau" als Wort oder Silbe etwas spielen, was weder **laut** noch **laugig**, noch **launisch** oder **lausig**, eher etwas **launig** sein soll.

Das Sammeln geeigneter Lau-Wörter geschieht in Form von **Wortverlängerungen** nach rechts:

Lau – Laub – Laubbaum
Lau – Lauch – Lauchzwiebel
Lau – Lauda – Laudatio
ferner: laudabel, Laudant, Laudanum, Laudator
Lau – Lauer – Lauerstellung
Lau – Lauge – Laugenbrezel

Lau – launig – launisch
Lau – Laura – Laurat
ferner: Laureat, Laurin, Laurus
Lau – Laurentius
Lau – Laus – lausig
ferner: Lausekörner
Lau – Laut – Laute – Lauter
ferner: Lautsprecher

Davon abtrennen wollen wir die Rechtserweiterung **Lau – Lauf** und so weiter. Die Lauf-Wörter sind eine große Sprachsippe und würden den durch die schöne Lau und den Laurin vorgegebenen Rahmen sprengen. Also sollen sie getrennt behandelt werden.

Die Namen, Bezeichnungen und Begriffe lau, Laub, Lauch, Lauge, Laus, laut und die davon abgeleiteten Wörter gehören zu unserem täglich genutzten Wortschatz und bedürfen keiner Erläuterung.

Daneben enthält unsere Sammlung viele Wörter, die man leicht falsch einordnen oder interpretieren könnte und die sich als Fragebegriffe für die heute beliebten Quiz-Sendungen eignen.

Lauda. Klingt wie ein Mädchenname. Ältere Zeitgenossen werden beim Lesen dieses Namens zuerst an den legendären Rennfahrer Niki Lauda (geb.1949) denken. Jahrhunderte älter als dieser ist jedoch die Verwendung des Namens zur Bezeichnung eines volkstümlichen, geistigen Gesanges, der bereits im Mittelalter in Italien üblich war.

laudabel bedeutet lobenswert, löblich und ist vom lateinischen Verb *laudare* = loben abgeleitet.

Laudant. Klingt ähnlich wie Sextant oder Hydrant, ist aber kein Apparat, sondern ein Mensch aus Fleisch und Blut, der für sein Tun zu loben ist. Das Wort ist noch nicht im Duden zu finden!

Laudanum bedeutete in der mittelalterlichen Medizin ein starkes Beruhigungs- und Schmerzmittel. Der Name wurde von Paracelsus geprägt für Opium-haltige Zubereitungen, vermutlich wegen ihrer lobenswerten Eigenschaften.
Heute ist Laudanum ein Synonym für Opiumtinktur.

Laudatio(n) ist eine Lobrede oder Würdigung (lat. *laudare* = loben).

Laudator ist jener, der die Lobrede hält, also ein Lobredner (lat. *laudare* = loben).

launig bedeutet witzig, scherzhaft, von guter Laune zeugend, humorvoller Umgang.

launisch heißt so viel wie schlechter Laune oder wechselhafter Stimmung sein. Launisch und launig werden manchmal verwechselt.

Laura ist tatsächlich ein weiblicher Vorname.

Laurat erinnert an Ornat, ist aber keine feierliche Amtstracht sondern ein Salz oder ein Ester der Laurinsäure, die als Glycerid im Lorbeeröl zu finden ist.

Dieses wird aus den Früchten des Lorbeerbaumes gewonnen, dessen lateinischer Name *Laurus nobilis* lautet.

Laureat, auf lateinisch *laureatus*, ist der mit Lorbeer bekränzte Künstler oder Wissenschaftler, der eine öffentliche Auszeichnung erhält.

Laurentius ist ein männlicher Vorname. Zur Zeit von Papst Sixtus II. war Laurentius ein römischer Diakon, der als Märtyrer starb.

Laurin könnte man als chemische Verbindung betrachten, wie Taurin oder Tannin.

Tatsächlich spricht der Chemiker von Laurin, wenn er an ein bestimmtes Triglycerid der Laurinsäure denkt, das im Lorbeeröl vorkommt. Da wir aber nicht alle Chemiker sind, halten wir uns lieber an Laurin als Name des Zwergenkönigs.

Laurus könnte das männliche Pendant zu Laura sein, ist jedoch der lateinische Namen für den Lorbeer (*Laurus nobilis*).

Mit Laus und lausig können wir was anfangen. Doch was sind **Läusekörner**? Sie werden auch Stephanskörner, Läusepfeffer und Läusemörder genannt und sind die Samen verschiedener giftiger Pflanzen (*Semen Cocculi indici, Semen Sabadillae* und *Semen Staphidis agriae*). Sie werden in Pulverform zur Läusebekämpfung verwendet.

Die **Laute** ist ein Zupfinstrument, auf dem man auch leise spielen kann.

Der Lauf der Dinge

Das Wasser kann **laufen**, muss es aber nicht.

Der Hund kann laufen. Der **laufende Hund** hat aber keine Beine und kein Fell. Es ist die Bezeichnung für ein geometrisches Motiv als dekoratives Stilelement, auch **laufende Welle** genannt.

Die Katze kann laufen. Auch die **Laufkatze** hat keine Beine, kein Fell und keinen Schwanz. Sie ist ein Wagen, der auf Schienen oder Seilen hin und her läuft, um Lasten zu befördern, so etwas wie ein hängender **Laufkran**.

Der Mensch kann laufen. Wenn er das oft oder beruflich oder zur sportlichen Ertüchtigung tut, ist er ein **Läufer**.

Um ein guter Läufer zu werden, benötigt er ein **Lauftraining**, wobei er auch seinen **Laufstil** verbessern kann.

Der **100-Meter-Läufer** braucht als Spitzensportler für diese Strecke etwa 10 Sekunden.
Der **Marathonläufer** braucht für seinen Lauf von 42,195 km enorme Ausdauer.
Die **Laufstrecken** anderer **Laufdisziplinen** sind kürzer oder mit Hindernissen versehen.
Das spürt auch der **Hürdenläufer** als **Hindernisläufer**.

Der **Langläufer** braucht für seinen **Langstreckenlauf** Schnee und die geeigneten Skier.

Alle vorgenannten Läufer brauchen kein Geläufe und keinen Laufgraben.
Mit **Geläufe** bezeichnet der Jäger eine Fährte und der Pferdezüchter eine Rennbahn.
Im **Laufgraben** einer Verteidigungslinie wird der Soldat vor feindlichem Feuer geschützt und kann an eine andere Stelle gelangen.

Eine ganz andere Sache ist die **Lauferei**. Sie bezeichnet zeitraubende, unangenehme, wiederholte Gänge („von Pontius bis zu Pilatus"), um etwas zu erreichen.

Die **Laufkundschaft** besteht aus ständig wechselnden Kunden im Gegensatz zu den Stamm- und Dauerkunden.

Laufburschen und **Laufjungen** verdienen mit dem Laufen ihr Geld und durch das Laufen ihren Namen.

Oft verrichten sie ihre **Laufarbeit** im **Laufschritt** mit einem **Laufzettel** in der Hand, der ihnen Anweisungen gibt.

Ihr **Laufpensum** ist oft sehr groß.
Selten drehen sie **Laufrunden**. Sie wissen immer, welche **Laufrichtung** sie einschlagen müssen.

Ihre Arbeit ist nicht als **Laufgeschäft** zu bezeichnen (das von Bordsteinschwalben erledigt wird).

Ein **Laufgestell** ist hierzu nicht erforderlich, das ein hilfreiches Gerät zum **Laufenlernen** bezeichnet, nützlich für Kleinkinder und Rehabilitanten.

Große Unterschiede herrschen bei den **Laufzeiten**.
Die Laufzeit einer Maschine oder eines Motors hängt von deren Qualität ab.
Die Laufzeit eines geschützten Arzneimittels beträgt acht Jahre.
Die Laufzeiten verderblicher Lebensmittel sind kurz.

„Wo laufen sie denn, wo laufen sie denn hin?" (Loriot)

Das Bier läuft vom Fass in den Krug und aus dem Krug in die Kehle.
Der Hamster läuft im Laufrad immer weiter und kommt doch nicht fort.
Glückliche Hühner laufen frei herum.
Der Kochtopf auf dem Herd läuft über.
Der Mensch läuft auf dem Laufband und bleibt doch auf der Stelle.
Das Regenwasser läuft in die Tonne.
Ohne Beweise muss der Richter den Beschuldigten wieder laufen lassen.
Die Uhr läuft richtig oder läuft falsch. Entweder geht sie vor oder sie geht nach.
Der Zug läuft in den Bahnhof ein.
Die neue Hose ist beim ersten Waschen eingelaufen.
Der Einlauf ist eine unangenehme Sache.
Der Eiskunstlauf ist ein sehr eleganter Sport und erfordert viel Geschicklichkeit.
Der Ablauf einer Veranstaltung muss geplant sein.

Der Anlauf ist der Beginn einer Tätigkeit.
Die Mutter bereitet einen leckeren Auflauf für ihre Familie.
Der Hund braucht seinen täglichen Auslauf.
Im Bad wird das Wasser per Durchlauf erhitzt.
Der Freilauf ist eine Funktion des Fahrrads.
Der Gewehrlauf muss ab und zu gereinigt werden.
Kreislauf wird oft als Abkürzung für Blutkreislauf gebraucht.
Beim Destillieren wird der Nachlauf verworfen.
Beim Schnapsbrennen wird der Vorlauf verworfen.
Oberlauf ist der Teil eines Flusses, der der Quelle am nächsten liegt.
Unterlauf ist der Teil eines Flusses, der der Mündung am nächsten liegt.
Rotlauf ist eine Tierkrankheit.
Der Rundlauf ist ein Spiel- und Turngerät.
Den Tagesablauf wünsche ich mir ruhig und ohne Hektik.
Vor Gebrauch der neuen Maschine ist ein Testlauf zu empfehlen.
Akten müssen in den Umlauf, Falschgeld muss aus dem Umlauf!
Im Verlauf der Verhandlung stellte sich heraus, dass ein großes Verbrechen vorlag.
Der Waldlauf tut dem Körper gut.
Kleine Parteien haben derzeit einen großen Zulauf.

Laufobjekte

Die Laufbahn ist der imaginäre Weg eines beruflichen Aufstiegs oder der reale Weg, auf dem sich ein Läufer bewegt.

Laufbrett, Laufplanke und Laufsteg sind fast Synonyme.

Wie ein Lauffeuer verbreitete sich am 9. November 1989 die Nachricht vom Fall der Berliner Mauer.

Laufgitter ist identisch mit Laufstall (siehe unten).

Im Laufhaus wird mehr geschaut als gelaufen, bevor es zur Sache geht.

Laufkäfer sind oft kleine Räuber und glänzen meistens metallisch.

Laufmaschen sind Maschen einer Strick- oder Webware, die sich gelöst haben und nach oben oder nach unten gleiten, was sie besonders gerne zur falschen Zeit bei Damenstrümpfen tun.

Wer einen Laufpass erhält, ist zu bedauern.

Im Laufstall laufen keine Tiere sondern sind Kleinkinder sicher untergebracht.

Der Strauß ist ein Laufvogel wie auch der Emu, beide sind flugunfähig.

Laufwerk ist der Gesamtmechanismus einer Maschine oder das Räderwerk einer Uhr.

Laufendes

Die Mehrwertsteuer ist ein durchlaufender Posten.

Im laufenden Jahr sind viele Feiertage.

Den laufenden Hund hatten wir eingangs schon kennen gelernt.

Die laufenden Kosten müssen unterteilt werden.

Ein laufender Meter ist eine Maßeinheit für Rollenwaren.

Der laufende Motor stört die Ruhe.

Eine laufende Nase muss man putzen.

Ein laufender Prozess soll nicht behindert werden.

Du sollst nicht unter laufende Räder kommen.

In ein laufendes Verfahren darf nicht eingegriffen werden.

Nomen est Omen

Pflanzen mit Namen von Organen und Körperteilen
Augentrost, Beifuß, Beinwell, Beinwurz, Blasentang, Blutbuche, Blutnelke, Blutorange, Blutwurz, Fingerhut, Galläpfel, Gallenkraut, Herzblatt, Herzblume, Leberblümchen, Lungenkraut, Magenkraut, Maulbeerbaum.

Tierische Pflanzen
Adlerfarn, Bärenklaue, Bärentraube, Bärlauch, Bienenklee, Bienenweide, Froschbiss, Fuchsschwanz, Hahnenfuß, Hasenklee, Hasenlöffel, Hundspetersilie, Hundsveilchen, Katzenpfötchen, Kuhglocke, Kuhschelle, Löwenmäulchen, Löwenzahn, Mäuseöhrchen, Ochsenauge, Ochsenzunge, Rosskastanie, Saubohnen, Tigerlilie, Vogelbeere, Wolfsmilch.

Fürstliche Pflanzen
Kaiserkrone, Königskerze, Pfaffenhütchen, Rittersporn.

Pflanzen und Tiere, die nach Festen, Monaten und Jahreszeiten benannt sind
Christrose, Frühlingsschlüsselblume, Herbstzeitlose, Junikäfer, Maiglöckchen, Maikäfer, Märzenbecher, Osterglocke, Osterhase, Osterlamm, Osterluzei, Pfingstochse, Pfingstrose, Sommerlinde, Sommerwurz, Weihnachtsgans, Wintergrün, Winterling.

4. Kofferwörter

Definition, Allgemeines

Kofferwörter, Wortverschmelzungen, Wortkreuzungen, Wortverknüpfungen sowie Kontaminationen und Portemanteau-Worte sind Synonyme für Wortneubildungen, die durch Verschmelzung zweier Wörter entstehen, wobei der letzte Teil des ersten Wortes und der erste Teil des zweiten Wortes identisch sind.

Sie werden bewusst gebildet oder entstehen ad hoc und führen inhaltlich zu Begriffen, die lustig anmuten, witzig, sinnvoll oder auch sinnlos sind.

Bekannte und oft gebrauchte Kofferwörter sind beispielsweise:
- Bionik – aus Biologie und Technik
- Brunch (englisch) – aus breakfast und lunch
- Denglisch – aus Deutsch und Englisch
- Motel – aus Motor und Hotel
- Smog (englisch) – aus smoke und fog
- Teuro – aus teuer und Euro

Manche Kofferwörter klingen sinnvoll, sind aber Nonsens, beispielsweise Adleraugenbraue aus Adlerauge und Augenbraue. Der Adler hat keine Augenbrauen.

Unsinnige Erweiterungen sind beispielsweise Apfelkuchen zu Augapfelkuchen und Baumkuchen zu Apfelbaumkuchen.

Sinnvoll oder zumindest vorstellbar erscheinen dagegen Kofferwörter wie:
Alltagsfliegerei aus Alltagsfliege und Fliegerei,
Bergwerktag aus Bergwerk und Werktag,
Feiertagewerk aus Feiertage und Tagewerk,
Fischzuchthaus aus Fischzucht und Zuchthaus,
Schnellzugspitze aus Schnellzug und Zugspitze.

Wegen der Fülle der Möglichkeiten folgt weiter unter ein Abschnitt „Kofferwörter als sinnvolle Wortschöpfungen".

Ein aktuelles und lustiges Kofferwort, das spontan entstanden ist, stammt vom dem wortgewandten Fußballer Mehmet Scholl, das er als Kommentator bei der Fußball-WM 2014 kreiert hat. Es lautet **Gänsehautentzündung**.

Politisch-aktuell ist das Kofferwort **Grexit** aus *Greece* (engl. = Griechenland) und Exit, womit die derzeitige politisch-wirtschaftliche Situation des Landes umschrieben wird.

Ein berühmtes Kofferwort hat der brasilianische Komponist Astor Piazzola mit seiner Komposition **Libertango** geschaffen, zusammengesetzt aus dem spanischen Wort *libertad* = Freiheit und Tango = aus Südamerika stammender Gesellschaftstanz.

Besonders lustig klingen kurze, dreisilbige Wörter, die ihre Ursprungskomponenten manchmal nur schwer erkennen lassen:

Ankerbe aus Anker und Kerbe,
Bulldogma aus Bulldog und Dogma,
Chinatur aus China und Natur,
Fazitat aus Fazit und Zitat,
Friedenker aus Frieden und Denker,
Dudenker aus Duden und Denker,
Kerkerze aus Kerker und Kerze,
Krempelle aus Krempel und Pelle,
Massagent aus Massage und Agent,
Minnana aus Minna und Nana,
Monsterne aus Monster und Sterne,
Moralter aus Moral und Alter,
Nachbargeld aus Nachbar und Bargeld,
Nachweisheit aus Nachweis und Weisheit,
Patiname aus Patina und Name,
Plakatze aus Plakat und Katze,
Säuferkel aus Säufer und Ferkel,
Tigerste aus Tiger und Gerste,
Tukanzug aus Tukan und Anzug,
Tunnelke aus Tunnel und Nelke,
Vogeltung aus Vogel und Geltung,
Vorsatzball aus Vorsatz und Satzball,
Wellenker aus Wellen und Lenker,
Zügelee aus Zügel und Gelee.

Kofferwörter zu finden ist ein Leichtes und eine Spielerei mit Wörtern, die man jederzeit und an jedem Ort praktizieren kann.

Wählen wir exemplarische Beispiele aus über 2.000 gesammelten Wortverknüpfungen.

Besonders reizvoll erscheint es, wenn man bestimmte Gruppen von Personen oder Objekten wählt und deren Namen oder Bezeichnungen zu Kofferwörtern erweitert.

Kofferwörter mit den Namen von Komponisten

Berliozelot aus Berlioz und Ozelot
Bizettel aus Bizet und Zettel
Brucknerzmantel aus Bruckner und Nerzmantel
Cherubinitialen aus Cherubini und Initialen
Chopinhalt aus Chopin und Inhalt
Cimarosalinde aus Cimarosa und Rosalinde
Debussystem aus Debussy und System
Delibesserung aus Delibes und Besserung
Diabellinsen aus Diabelli und Linsen
Hoffmannesmut aus Hoffmann und Mannesmut
Hummeldung aus Hummel und Meldung
Korngoldfisch aus Korngold und Goldfisch
Loewegelagerer aus Loewe und Wegelagerer
Mahlerche aus Mahler und Lerche
Mozartheit aus Mozart und Zartheit
Nicolaie aus Nicolai und Laie
Richterzett aus Richter und Terzett
Rossinichtigkeit aus Rossini und Nichtigkeit
Schönbergbahn aus Schönberg und Bergbahn

Schuberthold aus Schubert und Berthold
Schumannschaft aus Schumann und Mannschaft
Skrjabindung aus Skrjabin und Bindung
Smetanakreon aus Smetana und Anakreon
Verdienstmann aus Verdi und Dienstmann
Wagnerven aus Wagner und Nerven
Weberghütte aus Weber und Berghütte.

Die vorstehenden Komponisten-Kofferwörter beginnen jeweils mit dem Namen des Komponisten. Darüber hinaus besteht auch die Möglichkeit, den Namen an das Ende zu setzen oder ihn einzuschließen, wie folgende Beispiele zeigen:

Gerstenkorngold aus Gerstenkorn und Korngold
Blumenbeethoven aus Blumenbeet und Beethoven
Schlachtrossini aus Schlachtross und Rossini
Amtsrichterrobe aus Amtsrichter, Richter und Robe
Erdhummelflug aus Erdhummel, Hummel und Hummelflug
Tuchweberknecht aus Tuchweber, Weber und Weberknecht.

Auch sehr eng verwandte Begriffe, beispielsweise die Wochentage, müssen nicht ausgeschlossen werden.

Kofferwörter aus den Namen der Wochentage

Sonntagträume aus Sonntag und Tagträume
Montagedieb aus Montag und Tagedieb
Dienstagelöhner aus Dienstag und Tagelöhner
Mittwochenbett aus Mittwoch und Wochenbett
Donnerstagewerk aus Donnerstag und Tagewerk
Freitageszeitung aus Freitag und Tageszeitung
Samstageslicht aus Samstag und Tageslicht.

Kofferwörter, in welchen der Wochentag das Wortende bildet sind u.a. Salomontag, Innendienstag, Theaterdonnerstag, Hitzefreitag.

Obwohl unter den Monatsnamen zwei einsilbige Wörter zu finden sind, kann mit ihnen das gleiche Spiel getrieben werden.

Kofferwörter aus den Namen der Monate

Januartikel aus Januar und Artikel
Februarznei aus Februar und Arznei
Märzteblatt aus März und Ärzteblatt
Aprillumination aus April und Illumination
Mainsel aus Mai und Insel
Junigel aus Juni und Igel
Julichter aus Juli und Lichter

Augustav aus August und Gustav
Septemberber aus September und Berber
Oktoberberitze aus Oktober und Berberitze
Novembergsteiger aus November und Bergsteiger
Dezemberlin aus Dezember und Berlin.

Kofferwortgetränke

Adamsapfelsaft aus Adamsapfel und Apfelsaft
Armbrusttee aus Armbrust und Brusttee
Bauleitungswasser aus Bauleitung und Leitungswasser
Gänseblümchenkaffee aus Gänseblümchen und Blümchen-
kaffee
Gedenktafelwein aus Gedenktafel und Tafelwein
Haferbreiskaffee aus Haferbrei und Eiskaffee
Heimatetee aus Heimat und Matetee
Kakaobohnenkaffee aus Kakaobohnen und Bohnenkaffee
Mordkommandosenbier aus Mordkommando und Dosenbier
Wolfsmilchkaffee aus Wolfsmilch und Milchkaffee
Ziegenbockbier aus Ziegenbock und Bockbier.

Kofferwortnahrungsmittel und Gerichte

Den 12 Kofferwortgetränken stehen mehrere Dutzend Koffer-
wortesswaren gegenüber, die mühelos zu finden sind, sodass
hier auf eine Auflistung verzichtet wird und es dem Leser
überlassen bleibt, sich lustbringend zu betätigen.

Kofferwörter, die eine Tierart bilden

Hier werden Tier-Kofferwörter genannt, deren Komponenten leicht zu erraten sind:
Abendrotfuchs, Abiturteltaube, Ablaufkäfer, Altölsardine,
Amerikaninchen, Angelikamel, Ankerplatzhirsch,
Bambergziege, Bauzaunkönig, Blattgoldfasan, Blattgrünspecht,
Bockshornisse, Bodenseepferdchen, Brennesselqualle,
Dorfkirchenmaus, Edelsteinmeise,
Feingoldhamster, Förderbandwurm, Füllhornochse,
Gallensteinbeißer, Gelbkreuzspinne, Glasmurmeltier, Glatzkopflaus, Grünspanferkel,
Halskettenhund, Hinkelsteinbutt,
Instinktier, Jagdhornhecht,
Kalenderblattlaus, Kanonenkugelfisch, Kunsthonigbiene,
Lorbeerblattlaus,
Mariendistelfink, Mittelfeldhase,
Nachtzugpferd, Nierensteinbock, Nikolaustagfalter,
Olympiaffe, Opferde,
Pelzhaubentaucher, Plakatze,
Platzhirschkäfer, Pulverschneeeule,
Quecksilberfuchs,
Rabenaasgeier, Rosenkohlmeise,
Salatsiebenschläfer, Säuferkel, Schnäppchenjagdhund,
Schneeregenpfeifer, Schweineohrwurm, Spannungsfeldmaus,
Spitznasenbär, Spurennpferd,
Tabellenkopffüßler, Tafelsilberfuchs, Tangorilla, Teebeuteltier,
Wanderstabheuschrecke, Wellfleischwolf, Weltmeerkuh,
Wetterwarteschlange, Wochenzeitungsente.

Kofferwörter, die Blumen und Pflanzen benennen

Arbeitszimmerlinde,

Badezimmergrün, Berlinde, Berufsfeldsalat, Bierseidelbast, Bohnenstangensellerie, Borwasserpest, Briefkopfsalat,

Damoklesschwertlilie, Dickkopfsalat,

Einsteinbeere, Ermittlungenkraut,

Fluchtwegwarte, Forellenteichrose,

Geländerittersporn, Genieswurz, Gläubigerste, Goldfingerhut, Goldschnittblume,

Himmelsschlüsselblume, Hoffnungsschimmergrün, Holzbeinwell, Hühneraugentrost,

Insellerie,

Kaffeebohnenkraut, Kalbsleberblümchen, Kalksteinbeere, Käseschachtelhalm, Kurschattenblume,

Maiskornblume, Martinshornklee, Mutterkornblume,

Nasenbärlauch,

Oboenzian, Ohrfeigenbaum, Ohrringelblume, Opferstockschwämmchen, Ostseerose,

Prügelknabenkraut,

Raubeinwell,

Schicksalbei, Schwanenseerose, Spielwiesenschaumkraut, Weihrauchtabak, Wiedehopfen.

Kofferwörter, die Berufe benennen

Abschiedsrichter, Albtraumtänzer,

Brustkorbflechter, Butterbergsteiger,

Dachkammerdiener, Druckereiter,

Eisbärenführer, Eisenerzbischof,

Federzugführer, Fragebogenschütze, Frostschutzmann,

Garniturner, Geldschrankenwärter,

Hauptgerichtsdiener, Hauptwachtmeistersinger,

Hemmschuhmacher,

Nürnbergsteiger,

Osterglockengießer,

Pflanzenschutzmann,

Rauchgoldgräber,

Walzerkönigsmacher, Wartezimmermann.

Kofferwörter als sinnvolle Wortschöpfungen

Die Bildung von Kofferwörtern kann auch zur Schaffung von Begriffen führen, die sinnvoll und brauchbar sind, in unsere Zeit passen oder mit Akronymen konkurrieren.

Automatensuppe (aus Automat und Tomatensuppe) kann man in vielen französischen Autobahn-Tank- und Raststätten gegen Münzeinwurf erhalten.

Beischlafpulver (aus Beischlaf und Schlafpulver) wäre ein zwar makabrer aber passender Name für eine k.o.-Droge, die immer wieder in Diskotheken jungen Mädchen in das Getränk gemixt wird.

Als lustige Bezeichnung für den Fahrradschuppen könnte Drahteselstall dienen (aus Drahtesel und Eselstall).

Eselsbrückenbauer (aus Eselsbrücke und Brückenbauer) ist eine humorvolle Bezeichnung für einen Prüfer, der durch seine Bemerkung dem Prüfling auf die Sprünge helfen will.

Hierzu eine wahre Begebenheit als Beispiel. Während einer Prüfung in systematischer Botanik legt der Professor einem Prüfling ein Lindenblatt vor, was dieser nicht erkennt. Um ihm zu helfen stimmt der Prof das Lied „Am Brunnen vor dem Tore" aus Schuberts Winterreise an, das bekanntlich „da steht ein Lindenbaum" weiter lautet. Leider war der Prüfling unmusikalisch und hätte auf die Frage nach klassischer Musik wahrscheinlich mit *Heavy Metal* geantwortet. Nach der Prüfung beschwerte sich der Kandidat bei seinen Kommilitonen und berichtete, er sei nicht nach botanischer Systematik sondern nach deutschen Volksliedern befragt worden.

Haarwurzelziehen (aus Haarwurzel und Wurzelziehen) ist ein unangenehmer kosmetischer Eingriff.

Jakobsweggenossen (aus Jakobsweg und Weggenossen) wandern miteinander nach Santiago de Compostela.

Der Kurlaub (aus Kur und Urlaub) dient sowohl der Genesung als auch Abwechslung vom Alltag.

Im Kulturlaub (aus Kultur und Urlaub) werden Städte, Kirchen, Museen, Denkmäler, Klöster, Galerien und Bibliotheken besucht und besichtigt.

Der Maultaschendieb (aus Maultasche und Taschendieb) ist kein Taschendieb, sondern stiehlt Maultaschen aus dem Laden oder aus der Küche.

Ein Orchestergrabenkrieg (aus Orchestergraben und Grabenkrieg) kann ausbrechen, wenn sich die Musiker nicht über die Sitzordnung im engen Orchestergraben einig werden.

Ein Rabenschnabelbeinbruch (aus Rabenschnabelbein und Beinbruch) kann eintreten, wenn ein Vogel irrtümlich mit voller Wucht gegen eine Glasscheibe fliegt.

Schreibfehlermelder (aus Schreibfehler und Fehlermelder) kennen wir bereits. Sie sind realisiert durch entsprechende Computerprogramme, die jedes falsch geschriebene Wort rot unterstreichen.

Die Sektempfangsdame (aus Sektempfang und Empfangsdame) ist eine hübsche Frau, die den eintretenden Gästen ein Gläschen anbietet.

Das Seniorchester (aus Senior und Orchester) besteht aus musizierenden alten Herren.

Das Stabwechselfieber (aus Stabwechsel und Wechselfieber) hat schon manchen Läuferstaffeln den Sieg gekostet.

Die Stoppuhrzeit (aus Stoppuhr und Uhrzeit) ist sinnvoller als die elektronisch ermittelte Zeit, die unsinnige Differenzen von hundertstel Sekunden ausfindig macht.

Einen Tagesschauplatz (aus Tagesschau und Schauplatz) können wir täglich am Fernsehschirm erleben.

Das Tennisarmtragetuch (aus Tennisarm und Armtragetuch) ist ein brauchbares Utensil.

Uniformfehler (aus Uniform und Formfehler) müssen korrigiert werden.

Ein Verlustgewinn (aus Verlust und Lustgewinn) kommt zustande, wenn die Versicherung mehr zahlt, als das abhanden gekommene Objekt wert war.

Zweifelsen (aus Zweifel und Felsen). In der Pfalz findet man drei benachbarte Burgen, die als Trifels bezeichnet werden.

Zweifels oder Zweifelsen wäre demnach auch ein sinnvoller Namen für die benachbarten Burgen am Rhein, die man „Die Feindlichen Brüder" nennt.

Die Vorkehrwoche (aus Vorkehr und Kehrwoche) ist die Woche vor der Kehrwoche.

Wachsfigurenkabinettsmitglieder (aus Wachsfigurenkabinett und Kabinettsmitglieder) gibt es bei Madame Tussauds in großer Zahl.

Wartezeitvertrag (aus Wartezeit und Zeitvertrag) braucht nicht definiert zu werden.

China strebt die Weltallmacht (aus Weltall und Allmacht) an.

In Bayern herrscht nicht immer Wirtshausfrieden (aus Wirtshaus und Hausfrieden).

Die Gebrüder Grimm sind wahre Wortschatzmeister (aus Wortschatz und Schatzmeister).

Zitatendrang (aus Zitate und Tatendrang). Es gibt Menschen, die bei jeder passenden und unpassenden Gelegenheit ein Zitat auf den Lippen haben und es auch zum Besten geben. Sie leiden unter einem Zitatendrang.

Realistische Kofferwörter

Beim Lesen einer Reihe von Kofferwörtern denkt man eher an zusammengesetzte Wörter (mit Legosteineigenschaft) als an bewusst gebildete Kofferwörter, wie die folgende Auswahl zeigt:

- Hamsterbackenzahn aus Hamsterbacken und Backenzahn
- Handschuhleder aus Handschuh und Schuhleder
- Jakobsweggenosse aus Jakobsweg und Weggenosse
- Kreuzgangschaltung aus Kreuzgang und Gangschaltung
- Landwirtshaus aus Landwirt und Wirtshaus
- Malerfolg aus Maler und Erfolg
- Mitternachtfalter aus Mitternacht und Nachtfalter
- Naturdenkmalpflege aus Naturdenkmal und Denkmalpflege
- Nordrheinbrücke aus Nordrhein und Rheinbrücke
- Rabenschnabelbeinbruch aus Rabenschnabelbein und Beinbruch
- Schnellzugspitze aus Schnellzug und Zugspitze
- Stoppuhrzeit aus Stoppuhr und Uhrzeit

Witzige und geistreiche Kofferwörter,
die sich teilweise als Synonyme eignen

- Adamskostümzwang aus Adamskostüm und Kostümzwang – herrscht am FKK-Strand
- Affenhaushalt aus Affenhaus und Haushalt könnte einen schlampig geführten Haushalt bezeichnen
- Ariadnefadenzähler aus Ariadnefaden und Fadenzähler
- Bluttropfenzähler aus Bluttropfen und Tropfenzähler wäre bei einer Blutanalyse brauchbar
- Bosheiterkeit aus Bosheit und Heiterkeit – Synonym für Schadenfreude
- Ehrgeizhals aus Ehrgeiz und Geizhals
- Hanswurstsalat aus Hanswurst und Wurstsalat
- Instinktier aus Instinkt und Stinktier
- Katzenjammertal aus Katzenjammer und Jammertal
- Kirschwassersucht aus Kirschwasser und Wassersucht – Synonym für Alkoholismus
- Ohnmachthaber aus Ohnmacht und Machthaber – Bezeichnung für einen Regierenden, der seinem Volk nicht helfen kann
- Reifenwechselfieber aus Reifenwechsel und Wechselfieber – herrscht während des Boxenstopps beim Autorennen
- Scheuklappentext aus Scheuklappen und Klappentext
- Schmierseifenkiste aus Schmierseife und Seifenkiste
- Schweißperlenkette aus Schweißperlen und Perlenkette
- Seifenblasentee aus Seifenblase und Blasentee
- Studentenfutterplatz aus Studentenfutter und Futterplatz – Synonym für Mensa
- Wellenreiterfest aus Wellenreiter und Reiterfest – Surf-Turnier

Vorsicht bei der Erfindung neuer Kofferwörter

Beim Vorüberfahren eines Polizeiautos fiel mir das Kofferwort Polizeitung ein, gebildet aus Polizei und Zeitung.
Was könnte man darunter verstehen?

Eine Zeitung, die oft und von vielen Menschen gelesen wird.
Eine Zeitung, die viele verschiedene Informationen enthält.
Eine Zeitung mit hoher Auflage.

Zum Spaß habe ich dann mal gegoogelt; und siehe da, das Wort existiert bereits und ist der Name eines Organs der Gesellschaft für Gendarmerie- und Polizeifreunde in Kärnten.

Nun sind Sie am Ende des Büchleins angelangt. Möge die Lektüre Ihre tägliche Sprache bereichern und zu eigenen Wortschöpfungen anregen. Dankbar bin ich für konstruktive Kritik sowie für Anregungen und Mitteilung von neuen Wörtern aus den verschiedenen Gebieten.